Japan's Best Amateur Theatrical Group KIZA

遠藤周作と劇団樹座の三十年

宮辺尚

河出書房新社

遠藤周作と劇団樹座の三十年　＊　目次

遠藤周作と劇団樹座の三十年

「君、芝居に出ないか」

一九六〇年代から一九九〇年代までの三十年間「劇団樹座《きざ》」という素人劇団があった。作家の遠藤周作さんが主宰し、帝劇公演、国立劇場公演を行い、ニューヨークやロンドンでも公演を行って日本中の話題を集めた素人だけの劇団である。

菊池寛賞や吉川英治文化賞の受賞対象に劇団樹座を推薦したという三浦朱門氏は、「遠藤が遺した一番大きなものは樹座だったのではないか」と語る。

加藤宗哉氏は「文藝別冊」で、この素人劇団こそ「じつは遠藤周作の隠れた最高傑作だったのではないか、と思うことがある」と綴る。

「やる人天国、見る人地獄」とうたわれた劇団樹座。しかしいかに「やる人」「見る人」を楽しませたとはいえ、「遊び」にすぎない素人芝居である。それを『沈黙』や『侍』などよりも高く評価する⁉ 常識的には受け入れ難い「逆説」だが、その正否は措《お》くとして、では、そこまで言われるこの劇団とはどんなものだったのだろう。

解散・消滅して四半世紀以上、次第に劇団樹座を知らない世代が増えてゆく。遠藤ファンのためにもその実態を記しておく必要があるのかもしれない。幸い私は長いことその内側にいた人間の一人だ。そう思って古いアルバムと手帳をひっくり返し、思い出をたどって樹座の姿を綴ってみることにした。調査、取材をつくした記録でも研究でもなく、あくまで私という個人が体験した、私個人の目から見た樹座の歴史に過ぎないが。

一九七六（昭和五十一）年の秋、新潮社の出版部（書籍の編集部）で遠藤先生の担当編集者だった私は、玉川学園のお宅へ伺った折、先生に突然「君、芝居に出ないか」と言われた。

「映画はよく見ますが、芝居はあまり見ることもなくて……」などとドギマギ答える私に、先生は翌年に第五回公演を予定している素人劇団樹座のことを語った。面白そうだなと思った私は「いいですよ」と答えたが、この一言が、それ以降の私の人生を一変させることになるとは夢にも思っていなかった。

劇団樹座はこれより八年前の一九六八年三月、「ロミオとジュリエット」公演で旗揚げし、以降、年に一回のペースで四回の公演を行っていた。

第1回公演「ロミオとジュリエット」
（1968年3月2日）

第2回公演「ハムレット」（1969年3月8日）

素人だけで芝居をやろうという話は、先生と、当時「季刊藝術」の編集長だった作家の古山高麗雄さんと、小学館の編集者・野口晃史さんの間で持ち上がり、サラリーマン、学生、主婦など、四十人ほどが集まってスタートしたという。

稽古は夜、銀座のレストランの一室を借りて行われた。アミダクジで配役を決めたとも聞く。遠藤先生が発想した、素人役者にできるだけいい役を与えるために幕ごとに主役・準主役を変えるという、解散まで続いた観客を混乱させる樹座独特のやり方もこの時に始まった。

家族友人縁者が少しでも多く見に来てくれれば満足、という程度の気持ちで迎えた公演当日、新宿・紀伊國屋ホールはぎっしり満員の観客で埋まった。本番を迎えた素人役者たちは上がり、うわずり、台詞を忘れ、出をとちりながら、汗みずくで奮闘した。観客は思わぬ「シェークスピア喜劇」に、爆笑に次ぐ爆笑、大声でヤジを飛ばしながらも、十分に楽しんだ。公演は大成功だった。

樹座は翌年、北杜夫さんを加えて「ハムレット」を、翌々年は「夏の夜の夢」を公演、シェークスピア劇が続いた。そして第四回公演は、前年に芥川賞を受賞した古山さんのオリジナル時代劇「白浪子守唄」だった。この作品はベトナムで兵隊として終戦を迎えた古山さんが、復員を待つ間に書き、演出した野外劇を元に書き改められたもので、樹座でも古山さんが演出した。

この公演を区切りに、樹座はしばし活動を休止する。手探りで始め、走り続けて四年間、遠藤先生はじめスタッフが疲れ切ってしまったのだろう。そして五年の歳月が流れる。

遠藤先生の胸に、あの舞台の面白さをもう一度企画し味わってみたいという気持ちが湧いてきたのだろう、先生は樹座再開を決意する。ただし前回までの経験で学んだことを生かし、新たな大原則を立てる。それは観客を楽しませるには歌あり踊りありの芝居をやるということと、下手な演技や主役の頻繁な交代などで観客を混乱させないよう、皆がよく知っているストーリィを取り上げること、そして舞台慣れしていない素人の必死な演技が観客を引き付けるのだから、公演は常に新しい素人で行い、稽古はできるだけ少なくすることという三大原則であった。

こうして第五回公演の演目に選ばれたのがオペラ「カルメン」である。公演は一九七七（昭和五十二）年二月二十七日日曜日夜、劇場は第四回までと同じく新宿・紀伊國屋ホールと決まった。

稽古開始の知らせを受け、私は一月十五日土曜日の午後、指定された「連合設計」という会社の事務所に向かった。その時私はちょうど三十歳だった。

颯爽、遠藤周作座長《エスカミーリョ》　熱唱、平岩弓枝《ミカエラ》さん

オペラ「カルメン」で新たなスタートを切ることになった新生樹座の出演者顔合わせが行われた連合設計社の会議室、この会社はこのあとしばらく樹座公演の舞台装置を担当してくれる会社だったが、ここにこの日三十人強ほどが集まったろうか、中年若年女性たちの姿は多く、男性は中年がチラホラ、それまでの樹座公演で顔なじみらしいメンバーもいれば、私同様初めての経験を前に不安を隠せない顔も見える。

その顔合わせで知ったのは、これまで四回の公演活動を実質的に支えてきたのは、伊藤清、本藤舜、野口晃史という三人の座員スタッフだったということだった。素人だけで芝居をやろうと同志が集まった時、独創的なアイデアを発し、音頭を取る遠藤さんの傍らには、そのアイデアを実現し、事務方としてお金の出し入れを賄い、プロの裏方と素人出演者の間をつなぎ、座員をまとめる人たちがいた。この三人が遠藤さんの意向を実現し、樹座を作り上げてきたのだということが、「カルメン」の台本を配られ、公演について稽古

第５回公演「カルメン」(1977 年２月 27 日)

についての説明を聞きながら、素直に納得された。

そこで配られた「カルメン」の台本。橙色の表紙をめくると、第一頁に「製作　遠藤周作」「原作　メリメ」「脚本　山崎陽子」と三行で記されている。

山崎陽子さんはちょうど童話作家として活躍し始めた頃で、ご本人によれば、かの名歌劇をオペレッタ風に仕立て直したタタキ台を作ってくれればこちらで何とかすると言われて引き受けたが、出来上がった台本はタタキ台どころか山崎さんの書いた原稿が書かれたままに脚本となっていたという。この作品は山崎さんの音楽劇脚本のデビュー作となり、以後の活躍はご存じの通りだが、樹座では座付き作者として以後ほとんどすべての脚本を担当、更には第十二回公演と追悼公演の演出も手掛けることになる。

台本配布と共に配役が発表されたが、驚いたのは四幕（樹座では休憩を挟んだ二幕四場）芝居の幕ごとに、主役カルメンとドン・ホセだけでなく、ほとんどすべての役の役者が変わることである。第一回公演以来主役が変わるのは樹座のやり方とは聞いていたが、主役どころか、名前のある役すべて、中尉も伍長も、ジプシー女も闘牛士も幕ごとに演者が違う。その上限られた出演者で舞台を回すから、一幕でドン・ホセに扮した役者が、三幕では兵隊の一人になって、違う役者の演じるドン・ホセと対峙するというようなことが起こる。いくら衣装が違うとはいえ、これでは観客が混乱する。そうか、だからこそ誰で

カーテンコール。左から古山高麗雄、遠藤座長、北杜夫、平岩弓枝
（写真提供＝中央公論新社）

もがよく知っている話でないとならないのかと、妙に納得した。

役者は多彩である。四人のカルメンは主婦、会社員、女子大生、主婦。四人のドン・ホセは銀行マン、会社社長、大学助教授、電機メーカー社員。私は二幕で密輸業者の親分ダンカイロを演じ、一幕と四幕では兵士の一人を演じることになった。

そして二幕で「トレアドール」を歌いながら颯爽と登場する闘牛士エスカミーリョを遠藤さんが演じ、三幕でカルメンに心を奪われているドン・ホセを母親のもとへ帰るよう説得に訪れ切ない乙女心を切々と歌い上げる純情な許嫁ミカエラを作家の平岩弓枝さんが演じる。圧巻は終幕で、遠藤先生、北杜夫さん、古山高麗雄さん、画家の秋野卓美さんが揃って闘牛士姿で登場することになっていた。

稽古は顔合わせのこの日を別にしてわずか八日間、それも土曜祝日午後の二日間を除いて、あとはすべて平日の夜三時間だけである。後年の稽古時間から考えたら、信じられないほどの少なさで、稽古欠席者もいただろうに、よくこれで舞台が成立したと思う。

演出、照明、音響スタッフは、この時から遠藤先生が浅利慶太さんにお願いして、劇団四季関係の人が受け持ってくれた。

稽古は新宿西口青梅街道沿いの「柏ホール」で行われた。この稽古場は、以後お馴染みの場所となる。

そして二月二十七日日曜日、公演当日となった。昼の舞台稽古を終えて、夜六時開演、紀伊國屋ホールの客席を埋める満員の観衆の前で、ヤジられ、笑われ、拍手されながら、舞台はあっという間に終わった。幕ごとに役が変わる、ということは衣装も変わる。引っ込んだと思ったら衣装替えに走り、出を間違えぬように、台詞を忘れぬようにとアタフタしていたら、「役を演じる」ことを味わう余裕などなかった。少なくともそれが私の、初舞台の感想であった。

舞台がはねた後、大成功を噛みしめた遠藤先生は、「来年はミュージカルに挑戦するぞ」と宣言した！

初期樹座を支えた人たち

「ロミオとジュリエット」「ハムレット」「夏の夜の夢」とシェークスピア劇を三年続け、四年目に髷物オリジナル「白浪子守唄」を公演したあと、五年間活動を休んだ劇団樹座。私はこの最初期の舞台を知らないので、以下は推測でしかないのだが、遠藤先生はこの時期、素人芝居の進め方について行き詰まっていたのだと思う。四年間続けてみたけれど、このままでは駄目だ。しばし休もう。しかし、あの楽しさを蘇らせる方策は、何かないものだろうか、と。

そして「オペラ・カルメン」という、単なる台詞劇でない、全編に歌の入った題材を思いついた時、進むべき道を見つけ、公演の再開を決意した。素人だから下手なのは当然、音痴もいるだろう、しかしその素人が懸命の声を張り上げて歌う芝居なら、きっと出演者も、観客も大いに楽しめるものができるのではないか、これからは歌入り芝居だ、と。

その思いは「カルメン」の稽古を重ね、大成功の本番舞台を迎えて、確信となったに違いない。そしてあの打ち上げでの「来年はミュージカルに挑戦するぞ」という発言が生まれた。次はダンスも入れる！

先生は「カルメン」公演本番と前後して、既に一年後の「日本都市センターホール」を予約している。「紀伊國屋ホール」の倍以上、千人の客席数を持つ今はなき「都市センターホール」。ここは、このあと合計九回、樹座が最も多く公演を行った劇場になる。

そして「カルメン」公演では演出部の方々によるお手伝いをお願いしただけだった劇団四季の浅利慶太さんに、今度は劇団樹座の「顧問」という立場についていただいた。それはミュージカル路線に踏みだすために必要な布石だった。

そして第六回公演は、「ウエスト・サイド・ストーリー」をもとにしたミュージカルだと発表された！

ここでその当時の樹座を支えた人たちについて触れてみたい。素人だけで芝居をやろうと同志が集まった時、独創的なアイデアを発し、音頭を取る遠藤さんの傍らには、そのアイデアを実現し、事務方（お金の出し入れ）を賄い、プロの裏方と素人出演者の間をつなぎ、座員をまとめる人たちがいた。それが、伊藤清（キリンビール）、本藤舜（小学館）、野口晃史（同）三人の座員スタッフだった。映画監督・市川崑さんの元にいた伊藤さん、学生演劇の経験のある本藤さん、劇団創立言い出しっぺの一人野口さん、この三人が最初から、遠藤さんの意向を実現し、樹座を作り上げてきた。

連合設計社の戎居さんと細井さんも、劇団四季（ゼネラルスタッフ）が装置をも引き継ぐ前の第七回公演まで、ずっと舞台装置ないし大道具を担当してくださった。

そして第五回公演の再出発から加わり、以後ずっと樹座を支えてゆくことになったのが、前回触れた脚本の山崎陽子さんと、音楽劇には欠かせないピアノ奏者の荒木千賀子さん。山崎さんは遠藤さんが繰り出すストーリィ上の注文に応え、かつ「台詞が少なくて目立つ役をやりたい」という出演者の注文にも応えて、毎回四苦八苦の脚本書きをすることになったし、荒木さんは、譜も読めない、テンポもメロディーもいい加減な素人歌い手にピアノを合わせるという〝芸術的な〟演奏を、これまた毎回繰り返すことになった。

第五回から出演者として加わった会社社長・高野修さんも、特技を生かして音楽監督・音楽指導の役目を果たした。

出演者を挙げ始めるときりがないので避けるが、古山高麗雄さん、北杜夫さんという再出発以降はゲスト出演的な役回りに終始した作家の方々は別にして、第五回の初出演からずっとゲストではない役を演じた画家の秋野卓美さんについて触れないわけにはいかないだろう。与えられた役を演じようと必死になり、台詞は覚えきれずに手を替え品を替えた工夫のカンニングペーパーと格闘しながら独特の抑揚で台詞をしゃべり、若者と一緒に踊ろうと動かぬ手足を振り回す秋野さんは、樹座舞台の名物だった。

この高野さんや秋野さんをはじめとする第五回公演からの出演者たちや、脚本の山崎さん、ピアノの荒木さんたちを、私は心ひそかに「同期生」と呼んでいた。この人たちとは、ずっとずっと長いお付き合いが続くことになった。

舞台狭しと踊り回る素人

次の公演はミュージカル、それも「ウエストサイド物語」をやる！　遠藤先生の宣言の衝撃は大きかった。ブロードウェイ・ミュージカルを映画化した作品が世界中で大ヒット、足を真横上に高く上げて踊る不良少年グループの姿は街に氾濫し、誰も彼もが名曲「トゥナイト」「マリア」を口ずさんだあの「ウエストサイド物語」。この映画を何回見たかを自慢しあうような雰囲気さえあったし、私自身、中学三年の暮れの映画封切り以来、それまでに十回以上は見て、マイベスト映画だと口にし、ことあるごとに指をパチンパチン鳴らしては「boy, boy, crazy boy」と口ずさんでいた。それを私たちが演《や》る！　私は劇団樹座にのめりこんでいった。

第六回公演のタイトルは「トニーとマリア」、見事に作り変えられた台本は、もちろん山崎陽子さん。そして「ウエストサイド物語」日本版を上演していた劇団四季が、前回以上に関わってくれ、製作・演出協力、装置、照明、音響のみならず、振り付けに飯野おさ

第６回公演「トニーとマリア」(1978 年３月４日)

みさんを派遣してくれた。世にその名をとどろかせた一大芸能プロダクション・ジャニーズ事務所の最初のアイドルグループ「ジャニーズ」の元メンバーで、際立ったダンスの名手。グループ解散後は劇団四季に所属して、日本版「ウエストサイド物語」では初代リフ役を演じた飯野さん（私はファンだった）が、我々素人のダンスを振り付け指導してくれた。

そしてこの公演から私は、先輩の本藤さんの仕事を手伝い、座員スタッフとして、役者の舞台への出入りを按配し、演出家と役者の間をつなぐ役目（それを私たちは、本来の役回りとは少々異なるが、舞台監督と呼んだ）を務めることになった。

それともう一つ、この公演から私は、私の実妹・笠原洋子を舞台に引きずり込んだ。樹座は素人しか出演できないのだが、妹は芝居は素人とはいえ、松竹音楽舞踊学校を出てSKDに入団、すでに退団していたが踊り手としてはプロだった。「ウエストサイド物語」を樹座がやるとなったら、何としても舞台に立たせたく、本人も出たがり、遠藤先生に頼み込んでお目こぼしいただいたのである。舞台ではベルナルドの恋人アニータを演じ、「アメリカ」のダンスでは劇団四季のスタッフも目を見張る絶賛の踊りを見せた。以後何回か樹座舞台に立ち、振り付けスタッフを引き受けることにもなった。

稽古は、ただ楽しかったという記憶しかない。手帳によれば昭和五十三（一九七八）年

「ジェット団」の“少年たち”

二月のウィークデイの夜二時間〜二時間半が十三回となっている。わずかこれだけの稽古でよく公演できたと思う。

　ご存じのように「ロミオとジュリエット」を下敷きにして、対立する二つの不良少年グループの間に芽生えた恋の悲劇を描いたこのミュージカル、樹座版では、主演のトニー役とマリア役をそれぞれ四人が繋いで演じたが、この時二番目のトニーを演じたのが、稽古の間は長崎の店を閉めて東京に通って来た「とら寿し」の主人、大竹豊彦さんである。遠藤龍之介さんや慶大のお友達、画家の秋野卓美さんや岡田嘉夫さん、それに私も不良少年グループの一員を演じ、舞台狭しと踊り回った。北杜夫さんと古山高麗雄さんは、ドラッグストアに迷い込んだ日本人観光客の夫婦（古山さんは女装）として登場、珍妙な芝居を見せた。この舞台以降、独特の存在感で観客を魅了することになる小坂俊雄さん（周作クラブ幹事の文芸評論家・今井真理さんのお父様）が初登場したのもこの芝居で、マリアの父親の役だった。

そして芝居の途中で「私ども劇団樹座は三年後のニューヨーク進出の日にそなえ日夜研鑽を積んでおりますが、本日ここに特に樹座研究生の外人部による同一場面をご披露させていただきます」というアナウンスが入り、数名の外国人による英語版リピート場面が挟み込まれ、大受けとなった。この時登場したのが、何と当時日本文学研究のために日本に滞在していた遠藤文学の最高の英語翻訳者ヴァン・ゲッセル教授とその夫人だった。

少年たちと少女たちがほとんどのこの芝居に、わずかに登場する大人の役の一人に、少年たちを追いまわすシュランク警部がいる。この役を遠藤先生が演じた。少年たちの溜まり場になっている前出のドラッグストアに踏み込み、少年たちに煙草の煙を盛大にふきかけながら、「ここは便所だろ。俺は便所で煙草を吸うのが好きでなあ〜」という台詞を、気持ちよさそうに口にしていた先生の姿が印象的だった。

公演は昭和五十三年三月四日土曜日夜、会場は麴町の日本都市センターホール。観客千人の劇場に移してのこの公演だったが、それでも客席は満杯となり、大盛況、何と次回第七回は昼夜二回の公演をすることになる。

十四人のスカーレット、七人のバトラー

オペラ「カルメン」で見事な再出発ぶりを披露し、ミュージカル「トニーとマリア」で歌入りダンス入り路線を定着させた樹座。その第七回公演演目に遠藤先生が選んだのはマーガレット・ミッチェル作の「風と共に去りぬ」だった。

映画史上に燦然と輝くヴィヴィアン・リー、クラーク・ゲーブル主演のハリウッド映画は繰り返し上映され、菊田一夫によるストレートプレイ版、東宝によるミュージカル版、宝塚歌劇団ミュージカル版など、何種類もの日本独自の舞台化も行われていた。これを素人が演る！

第六回公演を終えて間もない一九七八年春、遠藤先生に突然誘われ、私は「風と共に去りぬ」公演中の東京宝塚劇場の入り口を潜った。あとから考えればあらかじめ話を通してあったのかもしれないが、いかにも思いついたという風に私を誘い、先生は私と並んで客席についた。舞台を興味深く見ていた私に、しばらくすると先生は「宮辺君、もういいだ

第７回公演「風と共に去りぬ」(1979 年２月 18 日)

ろう」と言って立ち上がり、途中にも拘らず劇場をあとにした。前後の状況は記憶から消え、ただこの出来事だけが心に残っている。次の公演の演目として「風と共に」を検討していた先生が、宝塚版から何か得るものはないか確かめようとしたのだろう。鈍い私は訳も分からず、ただ先生の言われるままにつき従っているだけだった。

やがて次の公演はミュージカル「風と共に去りぬ」、七九年二月十八日日曜日、今はなき新宿厚生年金会館小ホールでの初めての昼夜二回公演と知らされ、前年暮れの出演希望者面接を経て七九年一月十九日の顔合わせに集まった出演者八十名に、歌とダンスを織り込んだ二幕十八場の台本が手渡された。

脚本は山崎陽子さん、演出・照明・音響は前回に引き続き劇団四季・ゼネラルスタッフ・ASG、装置は連合設計社、音楽は荒木千賀子さんと今回初登場の森靖雅トリオ、そして私は高校時代からの友人・平野伸之を引きずり込んで共に舞台監督を務めることになった。

伊藤清・本藤舜・野口晃史三人の事務局から発表された配役では、何と主役のスカーレット・オハラに十四人が配されていた。対北軍戦争準備バザーでの登場から、アシュレーとの恋と失恋、バトラーとの出会い、南北戦争を経て、南軍敗戦後のバトラーとの結婚生活と別れ……、これを十四人の女性が演じた。言ってみれば場ごとに演者が変わるヒロイ

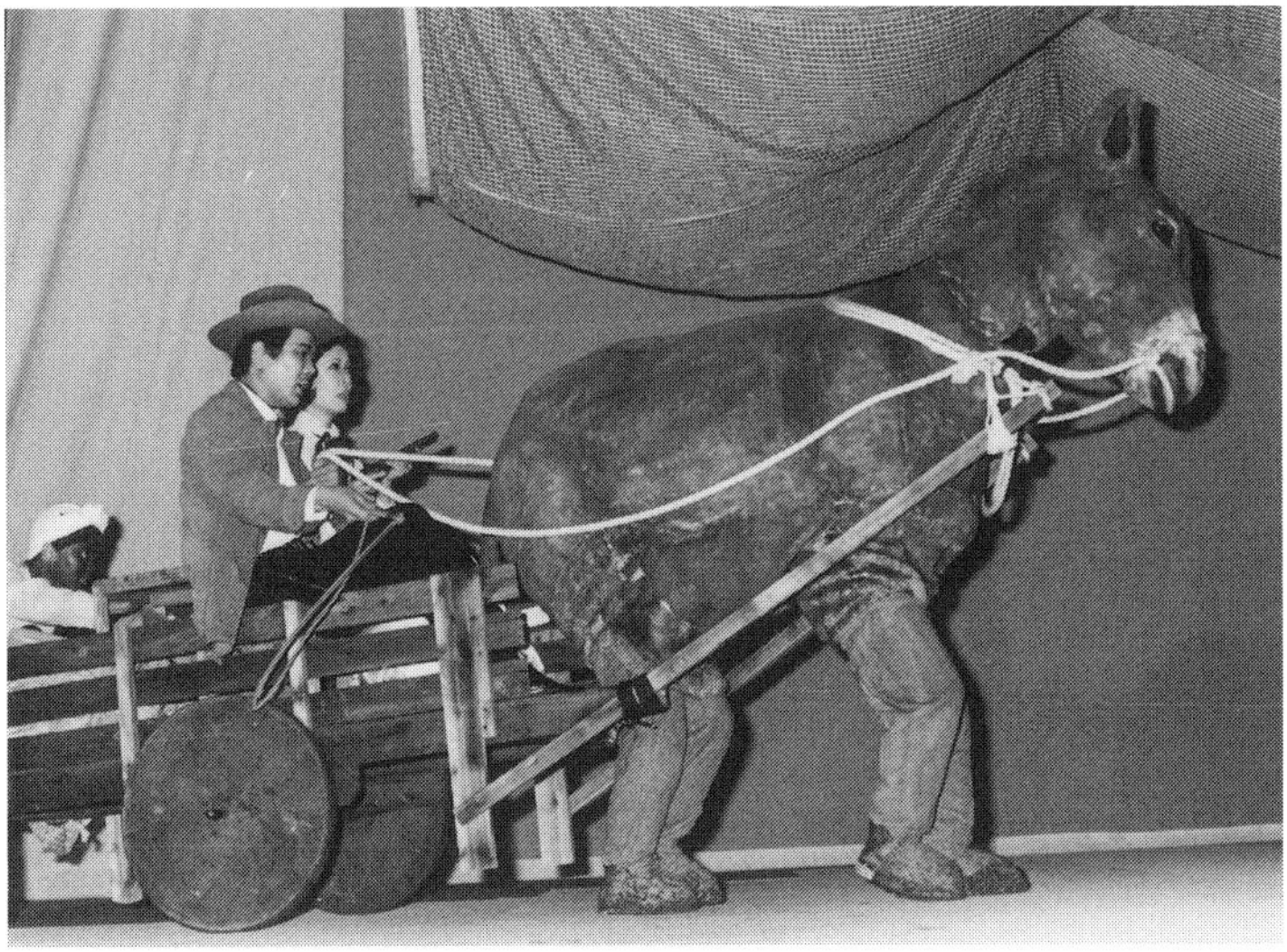

燃えるアトランタの街を駆け抜ける馬車（？）

ンである。三人、四人による主役交代には慣れていた樹座の観客も、これには魂消《たまげ》た。たくらんだ遠藤先生の得意顔が今も目に浮かぶ。

対するレット・バトラー役は七人、私はこの時に樹座の歴史でただ一度の主役を演じた。ならず者と戦いながら馬車を繰って燃えるアトランタをスカーレットと共に駆け抜けるバトラー役、と言えば恰好いいが、その馬車を引くのが馬ならぬ驢馬で、満場の笑いを誘った。その馬の脚ならぬ驢馬の脚役となって、客席からは顔の見えない力のいる役目を演じてくださったのが、「町田会」というご近所飲み会グループを遠藤先生と結成していた、画家の秋竜山さん、仏文学者で慶應義塾大学教授の高山鉄男さん、新聞記者の金田浩一呂さんの三人だった。私はと言えば、ならず者たちを打ち払って安全な場所にたどり着き、スカーレットを馬車から降ろしていざラブシーンとなった時、いつの間にかバトラーを演じる役者は私ではなくなっていた。

遠藤先生は一幕最後の場で故郷タラに帰ってきたスカーレットを迎える父親役を重厚に演じたかと思えば、二幕では酔って乱暴狼藉を働く北軍将校の役をコミカルに演じてみせ、更に二幕中盤では、劇中劇の形で、「サロン・ド・ロア・ポーブル」と名付けたダンスグループの仲間たちとソーシャルダンスの腕前を披露するという大活躍ぶりだった。

打ち上げは盛り上がった。舞台を終えた興奮をさらに盛り上げたのは、「来年はニューヨークで公演する」という先生のひと言だった。

「去年の舞台のリピート場面でも宣言しただろう!」

「皆あれは冗談だと思っていました」

「何を言うか、俺はやると言ったことは本当にやるんだ!」

そして翌一九八〇年は、三月東京公演、五月ニューヨーク公演、十一月神戸公演という、樹座史上最も忙しい年を迎えることになる。

素人劇団、ニューヨークへ！

誰もが遠藤先生の冗談だと思っていた樹座のニューヨーク公演。だがそれは決して冗談でもホラでもなかった。一九七九年秋に募集された翌年の第八回公演出演者には、三月の東京での公演と、ゴールデンウィークのニューヨークでの公演に出られる人という条件がついていた。素人集団による「オフ・オフ・オフ・ブロードウェイ公演」（！）という驚天動地のこの出来事が、夢ではなく現実なんだと分かるにつれ、私たちは遠藤先生の企画力に改めて感心することとなった。

第八回の演目は第五回公演の再演となる「カルメン」。三月二十三日（日）に日本都市センターホールで東京公演を行い、五月三日にニューヨークのジャパンソサエティ劇場で昼夜二回公演を行うという。演出、音響、照明等のスタッフは、引き続き劇団四季の人たちが引き受けてくれ、ピアノの荒木さんも変わらない。

集められた出演者は約五十名。前回までの舞台を体験していたメンバー約二十名に、ニューヨーク公演を目指して意気盛んに集った新人たち。大学生から中年まで、その六割が女性だった。

年が明けて稽古が始まった。台本は前回の山崎陽子作品を踏襲したが、東京公演だけには冒頭に「コール・パパス」のコーラスが挿入されることになった。このグループは遠藤先生が結成した二十名ほどの「楽譜の読めない、音痴の男性によるコーラス・グループ」である。後年、テレビに出演するやら、「ダークダックス」と共演するやら大活躍をすることになるが、この時の舞台出演がこのグループの実質的なデビューではなかったろうか。もちろん遠藤先生も加わっている。

二月の三回の稽古、三月に入って本番まで十日間の連続稽古を経て、本番を迎えた。冒頭、揃いのジャケットを着て横一列に並び、指導者・佐々木義子先生の指揮に従い蛮声を張り上げるコール・パパスの歌声が、都市センターホール千名の観客の笑いを誘う。前回同様、二幕四場の場ごとにカルメン役が変わりドン・ホセ役が変わる。「ハバネラ」が、「ジプシーの歌」が、「トレアドール」が、熱唱される。緊張しきった役者の演技が客席の笑いを誘い、観客の拍手と痛烈な野次が、役者のその緊張感をさらに高める。前回は一幕二場で闘牛士エスカミーリョに扮し「トレアドール」を熱唱した遠藤先生は、今回は二幕二場のエスカミーリョに扮し、舞台上で照れくさそうにカルメンとラブシーンを演じた。

第８回公演「カルメン」(1980年３月23日)

そして芝居が終わり、急ぎ背広に着替えてカーテンコールの挨拶に登場した遠藤先生は、客席に向かって力強く、「これからニューヨークに行ってきます」と告げた。

遠藤先生はこの数年前に、ニューヨークのジャパンソサエティに招かれて講演を行っている。おそらくその時の人脈を使って、着々と準備を進められていたのだろう。公演はジャパンソサエティと日本航空の主催になっていた。更に二年前の第六回公演出演時には日本に滞在していたヴァン・ゲッセル教授が、既にアメリカに帰国されていた。遠藤先生は教授にも公演の便宜を図ってもらっていたに相違ない。用意周到である。

ニューヨーク公演旅行は四月二十七日（日）に出発して五月六日（火）に帰国する現地八泊、十日間であった。公演旅行とは言っても、五月三日の本番とその前日の稽古以外は、市内観光、ブロードウェイ・ミュージカル観劇、オプショナルツアーといった行事で一杯の、実質は観光旅行である。

一行は、五十名弱の出演者に、劇団四季ほかのスタッフ数人を加え、更に樹座顧問で俳優の小澤栄太郎さんとその夫人・優子さんご夫妻、そして女優の中野良子さんも同行することになった。

「これからニューヨークに行ってきます」

空港で出迎えてくれたゲッセル夫妻

四月二十七日午前十時に羽田空港を発ったＪＡＬ００６便は、アンカレッジ空港を経由して、同日午前十時過ぎ、ＪＦＫ空港に着いた。空港にはヴァン・ゲッセル夫妻が迎えに来ており、スタッフや第六回公演に出演したメンバーは、再会を喜んだ。

ニューヨークの観客が沸騰

一九八〇年五月三日土曜日、午後二時と午後七時の二回、ニューヨーク、国連ビルのすぐ近くにあるジャパンソサエティ劇場二百九十の座席は、満員の観客で埋まった。開幕前に密かに舞台袖から客席を覗くと、七割が日本人、三割がニューヨーカーといったところだろうか。折からニューヨークに転勤また留学中の私の大学運動部仲間二人が、わざわざ見に来てくれて客席中央に並んで座っているのが見えた。いよいよ樹座ニューヨーク公演の開幕である。

初めに遠藤先生が、通訳の若いヴァン・ゲッセル教授を伴って幕前に登場し挨拶した。劇団樹座は日本で最大のアマチュア劇団であり、出演者にプロは一人もいないこと、これまではシェークスピア劇などを公演してきたが、今回の演目「カルメン」は劇団得意のオペラであることなどを説明し、座員にできるだけ公平に役を演じさせるため、主役、準主役、脇役を複数の役者が演じ、この芝居もカルメンが七人、ドン・ホセが四人、エスカミ

ニューヨークの観客

ーリョもミカエラも四人登場するが、どうか混乱しないで見てほしいと述べると、観客は声を上げて笑った。

やがて音楽と共に幕が上がり冒頭の兵士たちのコーラスとなる。あとは日本もアメリカも同じである。日本語を理解しないであろうニューヨークの観客も含めて、日本と同じように、素人の必死の演技に見入り、魅せられ、手を打ち、転げまわらんばかりに爆笑する。台詞を忘れ、音を外して独唱する秋野卓美画伯のドン・ホセには声を上げて喜び、見事に歌い上げる女性には惜しみない拍手が、金切り声を上げる女優には爆笑が寄せられる。

幕間には、昼の公演では女優の中野良子さんが、夜の公演では俳優の小澤栄太郎さ

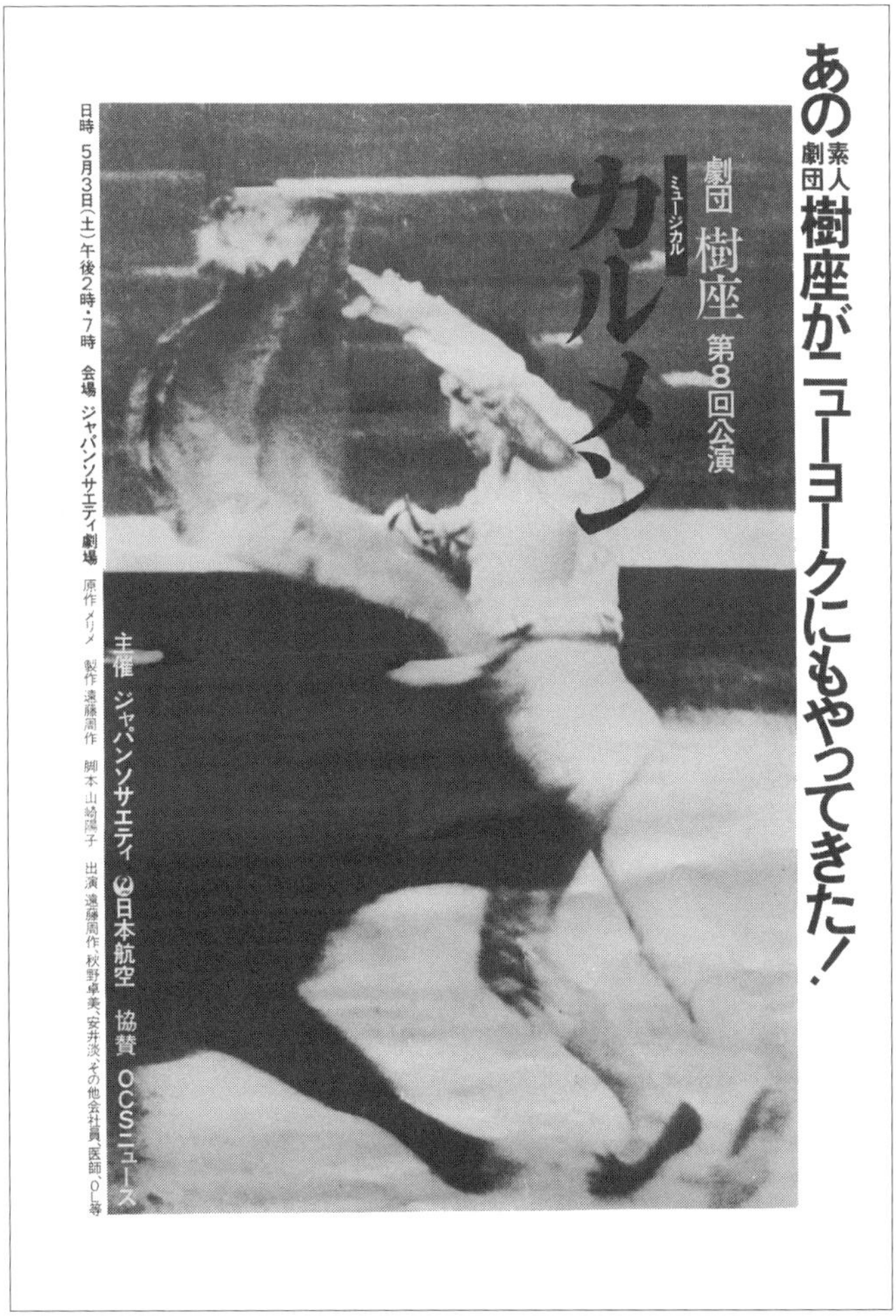

ニューヨークの街角に貼られたポスター

んが、舞台に上がって樹座を激励する言葉を語った。

二幕が進み、途中にヴァン・ゲッセル教授をはじめとするアメリカ側「樹座研究生」による英語リピート場面を挟んで、終幕では遠藤先生が闘牛士エスカミーリョに扮して登場、カルメンとのラブシーンが演じられた。そして最後に大勢の歌う「闘牛士の歌」が舞台上に響き渡る中、自分が刺殺したカルメンの遺体を抱えて茫然自失のドン・ホセを、群衆が遠巻きに見守るところへ、ゆっくりと緞帳が下りてくる。

公演は大成功をおさめた。遠藤先生は、次はロンドン公演、更にはローマ公演だと息巻いた。


四月二十七日にニューヨークに到着した私たち一行は、レキシントンアヴェニュー四十九番街の「ドーラル・イン」に八連泊した。二十八日は皆で市内観光、二十九日はナイアガラの滝へのオプショナルツアー、三十日と五月一日はミュージカル「ダンシン」「オー・カルカッタ」「コーラスライン」を観劇して過ごし、二日が稽古、三日が本番である。

自由時間にはそれぞれ思い思いの行動をしたであろうし、当時は危険と言われた地下鉄にあえて乗りに行ったりもした。私は迎えてくれた知人の案内で、自由の女神像、エンパイアステートビル、グランドセントラル駅のオイスターバーを楽しんだりもした。スタッフの一部が飲み過ぎて、警察が来る騒ぎを起こすという事件もあった。毎晩のように誰かの部屋に集まり、アルコールとおつまみとお菓子を持ち寄っておしゃべりに花を咲かせた。いつの間にかA婦人を中心とするグループとB婦人を中心とするグループの二つができ、それぞれの部屋で張り合うような事態も起きた。遠藤先生はそれを非常に面白がったが、自身はどちらに誘われるわけにもゆかない。そこで先生はどちらからも誘われる立場にあった私をけしかけて、双方に顔を出すように勧め、翌日その会での様子を私から根掘り葉掘り聞きだそうとするのだった。

ともあれ、公演は無事に終わり、翌四日の夜は「ゴールドコイン」という店で打ち上げパーティをし、五日の昼、ＪＡＬ００５便で帰国の途に就いた。

帰国した私たちを待っていたのは、各新聞雑誌の樹座ニューヨーク公演報道の記事であり、ニューヨークの週刊誌「The New Yorker」五月十九日号の「The Talk of the Town」欄に載った「Kiza」という記事であった。

そして興奮も冷めない座員に告げられた、「この公演を秋にもう一回、神戸でやるぞ」という遠藤先生の発言であった。

東京、ニューヨーク、神戸。一年間に三か所で公演

遠藤先生率いる素人劇団がニューヨークで公演を行ったというニュースは、新聞雑誌が競って取り上げた。すでに出発直前に「夕刊フジ」が〝狐狸庵先生、キザなニューヨーク公演〟と写真入りで報じていたが、帰国後には早速「週刊読売」が〝遠藤周作主演ミュージカル「カルメン」のニューヨークでのアメリカ的喝采！〟と題して、現地取材を取り込んだ見開きの記事を載せ、「朝日新聞」は囲みの「ぴーぷる」欄で、〝素人劇団「樹座」を率いてニューヨークで公演した遠藤周作〟を取り上げ、「四月二十五日に五年の歳月をかけた大作『侍』が出版されたばかり。四年に一冊の純文学作品（実際は七年に一冊）と素人劇団でハメをはずす遊びの精神と――三度の結核手術を乗り越えた痩身にしたたかな精神が宿る」と結んでいた。

「毎日新聞」は少し間を置いた七月になって、夕刊紙面の半分を使った〝〈樹座〉のカルメン公演大うけ〟〝NYっ子も『狐狸庵ゆかい』〟という、編集委員・徳岡孝夫氏の署名記

事を、大きな舞台写真と共に掲載した。

この徳岡氏の記事は、「米国の最もハイブロウな雑誌」であり「権威ならびなきメディア」である「ニューヨーカー」に劇団樹座のニューヨーク公演が取り上げられたことを枕において書かれているが、その「The New Yorker」五月十九日号「The Talk of the Town」欄の記事は、六月に全文が日本語に翻訳されて遠藤先生から座員に配られていた。

「The New Yorker」の記事はこう書き始められている。

「日本で最も規模の大きいアマチュア劇団である樹座がその本拠を置く東京からはるばるこの地にやって来、ビゼーの『カルメン』を上演するという。これを聞いては何をおいても観に行かざるを得なかった」

続く遠藤先生による舞台挨拶の丁寧な紹介、主役・準主役一人一人についての、時に好意的、時に辛辣な感想批評、更には公演後の楽屋での遠藤先生へのインタビューの模様など、四百字詰原稿用紙二十枚分ほどの長さのこの記事には、こんな一節があった。

「相当数のソロ歌手たちが歌詞を覚えたり音程をはずさずに歌うことにかなり苦労していたが、彼らの演技の持つ文句ない誠実味が舞台を圧倒していた」

「実はこの夜の公演は本当に素晴らしいものであった」

まさに宝物とも言うべき記事であった。

だがニューヨーク公演大成功の美酒に酔っている時間はなかった。公演の成功を聞きつけた神戸新聞が、「公演を買いに来た」のだ。実は遠藤先生と灘中学で同級生だった藤綱亮三氏が、この時期に神戸新聞の常務取締役になっておられ（のち社長になられた）、同級生のよしみで遠藤先生に神戸新聞主催による神戸文化ホールでの「カルメン」公演を持ち掛け、遠藤先生が応じたということなのだが、三月に東京、五月にニューヨークでの公演を終えてホッとしていた出演者たちは大騒ぎになった。今年は一年間に三か所で舞台に立つとは！

公演は十一月三日午後四時、第二場の一部には、神戸在住の素人有志によるリピート場面が入るという。

神戸公演のための稽古は十月に二度ほどやったはずだが、記憶に残っていない。それよりも覚えているのは、十一月はどうにも都合がつかないという続出する出演者たちの代わりの人選に走り回ったことだ。頼りになるのはニューヨーク行きは無理だということで出演を諦めた、本来は出たくてたまらないこれまでの出演者たちだ。彼らに頼み込み、稽古時間を調整し、何とか神戸公演の出演者たちを揃えた。一番印象的に覚えているのは、直前に出演不可能になったニューヨーク公演出演メンバーの代わりに、私と一緒に東京公演の舞台監督を務めた、舞台には立たないと言い張る私の高校同級生・平野伸之を拝み倒し、公演当日の行きの新幹線内で台詞の特訓をして舞台に上がってもらったことである。

十一月三日早朝の新幹線で神戸へ行き、舞台稽古をして夕方の本番を迎えた。公演本番の舞台も、打ち上げパーティの様子も、今では記憶のかなたになってしまった。

いよいよラインダンス登場！

一九八〇年五月にニューヨーク公演という快挙を成し遂げ、同年十一月には神戸での追加公演まで行った劇団樹座は、休む間もなく翌年四月四日、第九回公演に突入した。

演目は「イライザ　ストーリー」。天才的音声学者ヒギンズ博士が、強いロンドン下町訛りの花売り娘イライザを洗練された会話のできるレディに仕立て上げるという、バーナード・ショーの戯曲「ピグマリオン」を原作とし、ブロードウェイ・ミュージカルとして大ヒットした「マイ・フェア・レディ」である。オードリィ・ヘップバーン主演の映画化作品はアカデミー作品賞を受賞、ヘップバーンの代表作の一つとなり、日本でも東宝が舞台化、様々な女優がイライザ役を演じ、話題を集めた。

その樹座版の登場、劇場はおなじみとなった日本都市センターホール。

このドラマは、下層階級で育った貧しい娘イライザが、ヒギンズ博士の家に住み込み、博士から発音・話し方はもちろん日常生活の挙措・マナーに至るまでの特訓を受け、次第

第9回公演「イライザ ストーリー」(1981年4月4日)

に上品なレディに変わって行くという、主演女優の変貌ぶり、その演技力を見るのが、大きな魅力となった芝居である。それを遠藤先生は、あの四人のカルメン、十四人のスカーレットで観客を仰天させた樹座方式＝主役リレー制で見せた。今回九人登場するイライザは、下品な訛りでまくしたてる下層階級の娘、厳しいトレーニングにいら立つ変貌過程の娘、着飾ってアスコット競馬場に行くが馬脚を現してしまう娘、女王列席の舞踏会で優雅に踊る娘、博士への愛に目覚め成長した娘、という具合に、最初から一定の役割の決まった複数の女性が、一人の女性の変貌ぶりを分担して演じてみせる。正に素人劇団ならではのやり方で、観客の大喝采を受けた。

本編ストーリィに入る前のサービスがまた賑やかだった。作家・萩原葉子さんのセクシーなダンス、TV「欽ちゃんの仮装大賞」で優勝した家族チームの「線香花火」の披露に続き、魔術師に扮した遠藤先生が何も入っていない大きなガラス張りの箱の中にビキニ姿の女性を出現させるやら、作家・佐藤愛子さんが乗っている椅子の四本脚を一本ずつ外して佐藤さんを椅子板ごと空中に浮かせるやらの技を見せた。いつの間にどこでどう出演交渉し、先生自身いつ稽古したのか、そのエネルギッシュなサービスぶりには驚くばかりだった。

そして何といっても観客を魅了したのが、この公演で樹座に初登場したラインダンスで

樹座名物ラインダンス、初登場！

ある。一幕の幕切れにそれまでのストーリィ展開に何のかかわりもなく、オッフェンバッハの「天国と地獄」の音楽と共にいきなり登場した背丈も体型も様々な老若三十人の女性陣が、揃いの真っ赤なレオタードに網タイツ姿で、足を上げるテンポやその高さの不揃いなことは気にもかけず、元気いっぱい声を張り上げて踊る姿は、観客の度胆を抜いた。この場面は、脚本を担当した山崎陽子さんが、増え続ける出演者に少しでも多く見せ場を与えたいと願って思いついたシーンだったが、最初は「そんなもの止めてくれ」と反対していた遠藤座長も、稽古場でその踊りを見て「巨象の行進だ！」と大喜びし、舞台に登場させるやその迫力に熱狂した観客から圧倒的な支持を得たものだった。この公演以降、ラインダンスは毎回の観客が待望する劇団樹座の舞台には欠かせない呼び物となり、場面上のどこかでいきなり「天国と地獄」の前奏が流れ始めると、それだけで観客は大喜び、拍手で踊り子たちを迎えるまでになった。

ニューヨーク公演という大仕事のあとの第九回公演も大成功、素人劇団樹座の知名度・人気は高まるばかりだった。遠藤先生自身、今回も幕前での座長挨拶に始まり、冒頭の魔術師の一場面、中盤の舞踏会場面での社交ダンスグループによるダンス披露、幕切れ最後の場面でのヒギンズ博士の役と、八面六臂の大活躍だった。おそらくこの頃、先生における「樹座」は、上昇気流の真っただ中にあったのではないだろうか。しばらくすると「樹座」は高値安定状態に入る。

終演の挨拶で先生はこう宣言した。
「来年は記念すべき第十回公演。『マリー・アントワネット』を帝国劇場でやります」

「樹座は『人生』なのです」

「ウエストサイド物語」から「風と共に去りぬ」へ、そして驚天動地のニューヨーク公演から「マイ・フェア・レディ」へと展開してきた素人劇団「樹座」。その樹座が一九八二年、節目ともいえる第十回公演を迎えることになった。

遠藤先生の力の入れ方はすごかった。東宝に声をかけて、舞台人の殿堂であるあの「帝劇」を素人の芝居のために二日間借り切った。演目には自身が「週刊朝日」に二年五ヶ月間連載し、三分冊として刊行ののち、この年九月に一冊本として刊行されたばかりの『王妃マリー・アントワネット』を選び、しかも初めて自らが脚色した——製作・原作・脚色そして出演と、ひとり四役の大活躍である。ブロードウェイの作曲家ハロルド・ローム氏に作曲を依頼し、ローム氏はそれに応えて作中に印象的効果的に使われる一曲を寄せた。出演者集めに力を注ぎ、ギネスブックに挑戦する老若七十四人の女性陣によるラインダンサーや特別コーラス隊を加えて、総勢百四十人が舞台に登ることになった。雑誌新聞は競って特集を組んで樹座帝劇公演を取り上げた。
一九八一年十月「週刊新潮」掲示板欄での座員募集に始まった第十回公演への歯車は、十二月応募者面接、八二年一月の配役発表から二月の集中稽古を経て、三月二日火曜日、昼夜二回の公演へと、大きく回っていった。

それにしても遠藤先生の素人劇団樹座にかけるこの情熱は、どこからきていたのだろうか。劇団立ち上げの頃は、素人だけで芝居をやってみたら面白いのではないかということで、下手で当たり前、思い切って舞台を開けてみたら思わぬ大盛況、夢中になって二回三回と続けた、というのが本当のところではないだろうか。遠藤先生自身も、古山さんや北さんたちと舞台上で演じることを、素直に楽しんでいたと思える。ところがミュージカル路線に方針転換し、出演者も身近にいた学生や編集者たちだけでなく、「世間一般の素人」が、私も出たい、自分も舞台を踏みたいと大勢集まって来るようになった。その座員たちの熱情に触れ、彼らを取りまとめて公演を行い、ニューヨークにも一緒に行くうちに、先生の中で何かが変わっていった、と思う。それまでの人生で舞台というものに全く縁のなかった人たちが、大観衆を前にして、衣装を着け、メイクをし、スポットライトを浴びて、必死に台詞を言い、歌を歌い、ステップを踏む。あがり、とちり、台詞を忘れ、思うよう

第10回公演「王妃マリー・アントワネット」(1982年3月2日)

に動かない身体と闘って、一所懸命に演じる。その素人の必死さを面白がり、悦び、時には感心し、観客が声を飛ばし手をたたいて応援する。それでますます素人役者は舞い上がる。そして芝居が終わると感極まり、抱き合って涙を流す。先生はそれをじっと見ている。

先生はいつの頃からか、樹座のメンバーに向かってこんなことを言うようになった。「皆さんのお仕事や毎日の暮らし、それは皆さんの『生活』です。でも、樹座は皆さんの『人生』なのです」

生活と人生、先生の口癖であったこの両者の対比。英語にすればどちらもライフである。だが樹座にかかわった人たちはみな、遠藤先生のこの言葉「樹座は人生なのです」を実感し、深い共感を持って噛みしめてきた。後年、樹座の関係者が樹座を懐かしんで集まる時、誰かがスピーチで「そうです、樹座は……」と口にすると、参加した皆は声を揃えて「人生なのです！」と応じる。そんな光景が必ず見られた。

先生は、人々に、普通ならば味わうことのない幸せ、楽しみ、「人生」を与える人になっていた。

公演ごとに座付き作者として脚本を担当してきた山崎陽子さんは、今回は作詞担当に回った。公演に使われる曲となったラブソング、童謡、ロックンロール、そしてラ・マルセ

舞台挨拶をする遠藤座長

イエーズ、そのすべてに日本語の歌詞を振る。

その中で最も大変だったのは、十回公演を記念しての「座歌」を作れという遠藤先生の注文だったという。山崎さんはそれに応え、「モン・パリ」のメロディーに乗せて歌われる「樹座讃歌」を作詞した。

「うるわしき劇団、樹座よ、わが樹座〜、あほらしき劇団、樹座よ、わが樹座〜」

この歌は以来今でも、樹座に縁のある集まりの度に歌われる。

第十回公演「王妃マリー・アントワネット」は、この歌と共に幕を開けた。

帝劇の舞台でミュージカル

シャンソン「モン・パリ」の前奏と共に緞帳が上がると、舞台には揃いのジャケットを着た「コール・パパス」のメンバーが客席に向かって並び、「うるわしき劇団、樹座よ、わが樹座～」と歌い始める。中央では遠藤先生も歌っている。そこに十八世紀フランスの貴族や庶民の衣装をつけた男たちが混じり、後ろには白ブラウス黒スカートの女性合唱団が声を揃える。そして歌の終わりと共に曲が「天国と地獄」に変わると、彼ら彼女らは走って舞台を去り、代わりに上手下手の袖から真っ赤なレオタードをつけた女性たちが登場、樹座史上最多人数の華やかなラインダンスの披露である。このあとの第一幕第一場に出演しなければならない女性以外全員、その数七十四名。最高齢七十二歳の某有名雑誌編集長のご母堂も元気に腕を組み足を上げた。

劇団樹座の第十回記念公演「王妃マリー・アントワネット」はこのような演出で幕を開

けた。一九八二年三月二日「帝国劇場」である。さすがにこの大劇場を休日に借りることはできず、何十日か続いた有名公演が日曜日に終わったあとの二日間を借りて、月曜日に舞台作り・舞台稽古を行い、火曜日の昼三時からと夜六時半からの二回公演であった。

ラインダンサーたちが超満員の観客の拍手と歓声を浴びて引っ込むと、舞台では「天国と地獄」のリズムに浮かれたように二人のピエロが踊り、一緒になって大理石像二体も踊っている。石像を演ずるのは北杜夫さんと佐藤愛子さんのお二人、ここはベルサイユ宮殿の大広間、ピエロたちは王子の生まれたお祝いの席にルイ十六世とマリー・アントワネット夫妻に呼ばれた芸人であった、という設定である。

舞台はこのあと、財政難に苦しむフランス王室のスウェーデン部隊隊長としてフェルセン伯爵が着任する王宮と、貧しさにあえぎ王室への怒りを爆発させてバスティーユ監獄を襲うに至る庶民層の姿を、交互に見せながら進展して行く。それも「カルメン」以来樹座が積み上げてきた歌入り踊り入りのミュージカルのやり方で。けなげにしたたかに生きる娼婦たちは「ドレミの歌」「禁じられた遊び」に乗って自分たちの生を歌い、庶民は「天国と地獄」の曲に載せて怒りを爆発させる。王宮では「ロック白鳥の湖」でダンス合戦を行い、王妃やフェルセンはハロルド・ローム氏作曲の「オンリー・イエスタデイ」を歌う。そして革命勃発は「ラ・マルセイエーズ」で、革命成功は「ロック・アラウンド・ザ・ク

踊るシャルトル侯爵（著者）

宮殿の石像。左から佐藤愛子、北杜夫

ロック」で歌い踊られる。

国王夫妻は逃亡を図るが捕らえられ、国王は処刑される。同じく死刑を言い渡された王妃マリー・アントワネットは、フェルセンによる密かな脱出の手配を拒んで、断頭台に上って行く……。

私はこの舞台では王宮内で暗躍するフランス貴族、シャルトル侯爵の役を演じた。マリー・アントワネットの発案で宮殿の広間でダンス合戦が演じられ、命じられたフェルセンとシャルトル侯爵が、「ロック白鳥の湖」の曲に乗って踊る。フェルセンを演じるのは踊る足さばきもおぼつかない秋野卓美画伯。余裕綽々で踊り終えたシャルトル侯爵の目の前で、勝負の判定を任されたアントワネットの手から、勝者の印のハンカチはフェルセンの前に落とされるという場面である。そのあと舞台上に一人残された私は、「オーストリアから来た女、屈辱を受けた男の恨みを覚えておけ！」と呪詛の言葉を吐く。

例によってルイ十六世もフェルセンも八人が演じ分け、マリー・アントワネットは十四人が演じ繋いだ。別《わ》けても裁判所で裁かれる王妃は、証言や主張、判決の度に入れ替わり、この場だけで四人が役を務めた。この裁判の場面で裁判長を演じたのが遠藤先生である。一段高くなった中央奥の裁判官席の真ん中に座って、次々に入れ替わる王妃に向かって、証言を聞き、主張を促し、死刑判決を言い渡す。裁判長席の机の上には開かれた台本が置かれていた、という噂も流れた。

大劇場での記念公演は大成功の裡に終わった。毎年続く公演は第十一回を目指してすぐにも動き始める。

「一度だけ、旧座員だけでやってみよう」

ニューヨーク公演、帝劇公演という破天荒な試みを大成功の裡に終え、第十一回公演に向かおうとしたころ、遠藤先生は大きな矛盾を抱えて悩んでいた。

劇団樹座は、それまでの人生で舞台と縁のなかった素人が舞台に立つということに大きな意味があった。素人が舞台衣装を着け、メイクを施され、全身にライトを浴びて、生まれて初めて満員の観衆の前に立つ。必死で覚えた台詞を口にし、教えられた動きをし、歌を歌い、ステップを踏む。当然台詞は忘れ、とちり、動きは板につかず、歌も踊りも様にならない。笑ってしまうほど下手だ。やっている本人は辛いだろうが、見ている方も辛い。しかし芝居をしようとする必死さだけは観客にひしひしと伝わって行く。新鮮だ。投げつける野次が、いつの間にかその必死さを応援する掛け声になっている。素人芝居はそこがいいのだ。先生はそう思う。だから役者は舞台慣れしていなければしていないほどいい。稽古時間も少なくていい。観客は舞台慣れした素人の芝居など見たくはない。そんなものほどつまらないものはない。

ところが出演した素人の方はそうは考えない。役者と乞食は三日やったらやめられないというが、まさにその通り、初めて舞台というものを経験した素人は、その感激が忘れられず、甘美さに浸り、魅力に取りつかれている。今一度あの想いを味わいたいと願い、そんな機会は来ないものか、次はもっと上手くやって見せると心に期している。

劇団樹座も創立以来十回の公演を重ねてきた。公演の度に新しい出演者を迎えてはいるが、過去の出演者も当然のように再出演を希望し、劇団もそれに応じるから、繰り返し出演する人も多くなってきた。何度も樹座の舞台を踏んでいる人もいる。このままでは劇団樹座は「舞台慣れした素人の劇団」になってしまう。

新鮮な素人たちで公演したい、しかし顔なじみになった仲間たちも捨てがたい。

遠藤先生はこの大いなる矛盾の中でこう決断した。次回第十一回公演は、一度だけ新人募集をせず、今までに出演したことのある旧座員だけでやってみよう、その代わり、その次の第十二回公演は、旧座員を一切使わず、新たに募集した新座員だけでやる、と。

劇団樹座第十一回公演は一九八三年二月二十七日の昼と夜の二回、日本都市センターホールで行われた。選ばれた演目は、第六回公演「トニーとマリア」の再演、あの「ウエス

第11回公演「トニーとマリア」(1983年2月27日)

ト・サイド・ストーリー」である。台本は山崎陽子さんの前台本を踏襲、製作・演出はこれまで通り劇団四季の協力を仰ぎ、音楽・演奏は荒木千賀子さんとウッド・シット・オーケストラ、そして出演者は、新人募集はしなかったけれど縁あって出演することになった二人の女性を除いて、すべて第十回までの出演者たち約八十人であった。

おりしも劇団四季が何度目かの「ウエスト・サイド・ストーリー」公演を控えており、指導には熱が入った。元少年・元少女である出演者たちは、不良少年・不良少女になったつもりで、次々に繰り出される曲に合わせ、出ない声を張り上げ、上がらない足を上げて、歌い、踊った。「ジェットソング」「体育館のダンス」「マリア」「トゥナイト」「クール」「アメリカ」「ワンハンド、ワンハート」……。トニー役は四人が、マリア役は五人が途中交代して演じたが、四番目のマリアは第十回公演に続いて出演の七十三歳の婦人、その初々しい演技に観客は惜しみない拍手を送った。

遠藤先生はこの舞台には出演しなかった。開演前の舞台挨拶と終了後のカーテンコールでの挨拶を昼の部・夜の部共に務め、こう発言した。

「次回はミュージカルとしての樹座公演はやりません。来年は東京文化会館かこの劇場で、オペラをやります。音痴の人、ぜひ参加してください。音痴の友人をご存じの人、ぜひ推薦してください」

劇中歌「アメリカ」

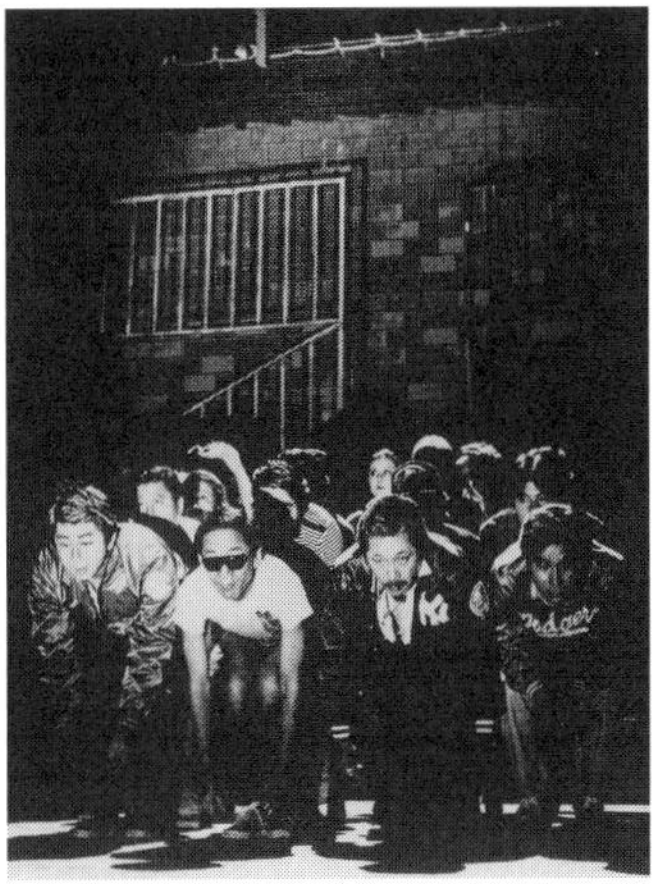

劇中歌「クール」

劇中歌「トゥナイト」

ミュージカルではなく、オペラだという。オペラとなればいわゆる台詞はなく、すべては歌で表現されることになる。さてどうなるのか。

「樹座ファミリー」誕生、「樹座ニュース」発刊

新人を募集せず、旧座員だけで行った第十一回公演は思わぬ効果を樹座出演者にもたらした。二度、三度と繰り返し樹座の芝居に加わってくる人がある一方、一回出演してそれきり縁の切れる人も多かったそれまでの樹座公演だったが、この十一回公演を機に、出演経験者同士の親密感というか、仲間意識が急速に強まったのである。遠藤先生はそれを敏感に感じ取った。そこで先生が編み出したのが、樹座出演経験者たちの組織を作ることであった。

「樹座ファミリー」が誕生した。樹座に出たことのある人であれば、誰でも入会金を払ってこの組織に入ることができる。この組織に入れば、次回以降の樹座公演のチケットを一枚無料で手に入れることができるほか、樹座絡みの様々な催しに参加することができる。

おりしもこの昭和五十八（一九八三）年、遠藤先生は東京・六本木に樹座仲間のたまり場とすべく「フォワイエ・キザ」というスナックをオープン、会員はこの店に集った。ま

たこの「樹座ファミリー」が催す、ダンスパーティ、忘年会、新年会を楽しむことになる。そして次の十二回公演を経て爆発的に増えた会員たちは、ボーリング大会、船上パーティ、果ては野球大会、運動会へと活動を広げて行くことになる。

会長は第六回公演から出演の小坂俊雄さん、事務局長は第五回公演から出演の高野修さん、事務方は第十回公演から出演の皆川芙貴子さんが務めた。会発足時に入会したのは、五回公演出演の四人（私もその一人）、六回公演出演の四人、七回公演二人、八回公演二人、九回公演六人、十回公演二十人であった。

この「樹座ファミリー」の発足に合わせて、会員向けの会報「樹座ニュース」が誕生した。不定期刊行物、当初は手書き制作で、昭和五十八年に四号発行、私の手元に五十九年元日発行の第五号が残っている。ニュースは遠藤先生が亡くなる前年の平成七（一九九五）年まで、五十六号にわたって発行されることになる。毎号巻頭に遠藤座長のご挨拶が載り、公演の予定、催しのお知らせ、会員の活動が紙面を飾った。

当初の編集担当は第十一回公演に縁あって初出演することになった二人の女性の一人、出版社勤務の青野さんが務めたが、翌年からは第十二回公演出演で会員になったメンバーが編集部に大勢繰り込まれた。

この「樹座ファミリー」の誕生、「樹座ニュース」の発刊は、劇団樹座の活動を活性化させ、「樹座」を世間に広めるのに大いに役立ったが、しかし一方で大いなる矛盾を抱えていた。というのは、当時は気がつかなかったが、この集団、この組織は、樹座という劇団のファンクラブやサポーター、つまり単なる外部の下支え組織ではない。構成するメンバーは劇団の出演経験者ばかりである。ということは、メンバーにとって劇団は自分の劇団であり、いつでもそこに入って行ける場所なのである。そう、劇団は「自分たちの劇団」「自分の劇団」なのである。

新鮮な素人の芝居を見せるためには、毎回新しいメンバーを加えなければならない。しかし一方で「樹座ファミリー」のメンバーの中から、毎回毎回繰り返し出演する慣れた素人役者を出演させなければならない。必然的に樹座は大きくなってゆく。樹座が楽しければ楽しいほど、樹座という団体は、肥大化してゆくしかない、そんな宿命を生まれながらに背負っていたのである。そんな意識はないまま、「樹座ファミリー」は次第に活発化し、「樹座ニュース」は頻繁に発行され続けることになった。

この年一九八三（昭和五十八）年十一月には、第十二回公演「オペラ・蝶々夫人」の入団テストが行われ、四百人の応募者の中から百人の出演者が決まった。公演では何と黛敏郎さんがプロのオーケストラを指揮してくださることになり、世界の歌姫オペラ歌手・東敦子さんも出演してくださるという。脚本執筆の山崎陽子さんが初めて演出も担当することになった。振り付けは笠原洋子が受け持った。出演は新座員のみの約百人、旧座員はラインダンスと裏方の手伝いに回る。

波乱含みの第十二回公演に向けて、昭和五十九年が明けた。

抱腹絶倒「椿姫入り蝶々夫人」

昭和五十九（一九八四）年四月一日、日本都市センターホール。開演に先立ち、遠藤座長がいつものように緞帳の前に現れて挨拶を始めた、と思ったら、この遠藤さんは真っ赤な偽者、当時デビューしたての怪優・竹中直人さんで、追って現れた本物の遠藤座長と珍妙なやりとりを開始する。劇団樹座第十二回公演「蝶々夫人」の始まりであった。

舞台前には樹座の芝居で初めてオーケストラ・ピットが設けられ、東京シティ・フィルハーモニック管弦楽団の楽団員たちが揃っている。遠藤座長と竹中さんの掛け合いが終わって袖に引っ込むと、スポットライトを浴びて指揮者の黛敏郎氏が現れ、定位置について静かにタクトを構え、それを振る。フルオーケストラの前奏音楽と共に、緞帳が上がって行く。

ストーリィは周知の「蝶々夫人」だが、できるだけ大勢を舞台に立たせるために「椿姫」の話を中に組み込めという遠藤座長の要請に応え、脚本の山崎陽子さんは腕を振るった。明治時代の長崎、アメリカ海軍士官ピンカートンは十五歳の芸者・蝶々さんを妻に迎える。婚礼の場で蝶々夫人から娘たちの踊りをふるまわれたピンカートンは、そのお礼にと、「椿姫」の物語を紹介する。舞台上では「椿姫」の物語が展開され、ヴィオレッタとアルフレードの悲しい恋が紹介される。その終了を見届けた蝶々さんは、「何という悲しいお話でしょう、でも私たちはあんな風にはなりませんね」と言ってピンカートンの胸に抱かれる。そして舞台は「蝶々夫人」後半の悲劇へと続いて行く。

これをほぼ百人の素人が、しかもできるだけ歌の下手な人という条件で選ばれた、樹座の舞台に立つのは初めての人ばかり（例外は遠藤座長、迷優・秋野卓美画伯、名優・小坂俊雄樹座ファミリー会長）が演じるのである。一人でも多くの人にいい役を、という趣旨にそって、例によって主役はころころと変わり、蝶々さんは七人、ピンカートンも七人、椿姫ではヴィオレッタを六人、アルフレードを六人が演じ繋ぐほか、準主役、脇役までもが場面ごとに交代して観客を混乱させる。役者はそれぞれ程度の差こそあれ、皆素人。台詞は棒読み、訛りは直さず直せず、怒鳴り調子もあれば呟き調子もありで、それを観客は大喜びする。

ましてこの芝居は、オペラにこだわる遠藤さんに懇願して、山崎さんは全編歌曲を止めて歌入り芝居の態にしたが、それでもできるだけ原作の楽曲を生かして、多くの台詞が歌

第12回公演「蝶々夫人」(1984年4月1日)

で表現されたままになっている。その難しい歌を、素人が、金切り声を上げ、テンポを外し、音程をずらしながらも必死に歌う。大変なのは指揮者であり、オーケストラである。遂にアルフレードが歌うある場面で、黛さんが演奏をストップさせ、タクトを放り出して「ダメだダメだ。なんだその歌は。音楽を馬鹿にするにもほどがある。僕はもう帰る」と言って退場しようとする。観客がぎょっとすると、遠藤さんが舞台袖に現れ、「ごめんなさい、もう一人別な役者を用意していますので、彼に歌わせてください」と代わりを差し出す。この役者も音楽に合わず、黛さんが怒り、遠藤さんが三人目を差し出す。実はすべてが台本に書かれた通りのやりとりだった。

観客は場面ごとに涙を流して喜び、盛大にヤジを飛ばしたが、彼らが大爆笑し、大感激した極めつけはあの「ある晴れた日に」の場面である。誰もが知るあの歌を蝶々さん役の役者が歌い始めると、これが並外れて音楽に合わない、いわゆる音痴。観客も唖然とする。すると蝶々さんの隣りに控えていた女中のスズキが歌を止め、「奥様、そこはこうでございましょう」と言って、代わりに朗々とこの歌を歌い始める。このスズキ役を演じたのがオペラ歌手・東敦子さんだったから堪らない。世界を魅了した歌声に、観客は酔いしれ、割れんばかりの拍手を送った。

この芝居には更におまけがあった。蝶々さんの自刃という悲劇と共に幕が下りると、幕

カーテンコール。左から黛敏郎、二人おいて東敦子、阿川弘之、遠藤座長

前に日本海軍の軍服を着た阿川弘之さんと友人（夜の部は講談社の有名な元文芸編集者大久保房男さん）が現れ、「アメリカの海軍軍人なんかに惚れるからこんな馬鹿な悲劇が起きる。日本海軍の軍人に惚れておればよかったのだ」と言って、「勇敢なる水兵」を歌う。いつも客席から応援してくださり、パンフレットに寄稿してくださった阿川さんの、唯一の舞台姿であった。この二人の海軍士官に従うセーラー服姿の従兵として、私は例外の旧座員出演をした。

内容盛りだくさんの上に、これでもかの見せ場があり（遠藤座長が医者に扮し、後々まで魔の五重唱と称された名場面を歌い演じた「椿姫」臨終の場面など）、おまけまで付いた「蝶々夫人」は、樹座の歴史の中でも大きく輝いている。

活発化する樹座の行事と東横劇場公演

ラインダンス以外ほぼ百人の出演者のほとんど全員が初めて樹座の舞台を踏んだ新人という第十二回公演「蝶々夫人」の成功は、樹座の歴史に大きな変化をもたらした。それは誕生したばかりの樹座出演経験者たちの組織「樹座ファミリー」の活動の活発化である。第十二回公演出演者の多くが「樹座ファミリー」に入会し、会は一気に会員数を増した。しかも個性的な新人たちが旧座員の尻を叩くように様々な催しを提案し、「樹座ニュース」の編集部にも加わって「ニュース」でそれを告知、楽しく遊ぶ仲間意識を鼓舞した。この年、昭和五十九（一九八四）年だけで「樹座ニュース」は四号発行され、更に号外が二回出ている。次々にもたらされる樹座公演絡みのニュースや樹座仲間の催しのお知らせ。樹座ファミリーの会員にとっては、年がら年中お祭り騒ぎの中にいるような時を迎えていた。

すべては遠藤先生の計算だった。というか、新しいこと、楽しいことを思いつき、企画し、次々に仕掛けるのはすべて遠藤先生だった。皆、遠藤先生の大きな掌の上で、楽しく遊んでいたのだ。

四月一日の第十二回公演を終えてファミリーが一気に大きくなった初夏以降、七月にはディスコ・パーティ、九月には第一回ボーリング大会、十一月には「ペントハウス」主催の東京湾上「新さくら丸」船上パーティへの樹座ファミリー会員無料招待（ここでは遠藤先生の講演のほか、「蝶々夫人」名場面再現などが行われた）、十二月一日には東敦子さん独唱会＋遠藤先生講演会へのお誘い、十二月二十二日にはファミリー主催クリスマスパーティと、行事は目白押しだった。そのほとんどすべてに、もちろん遠藤先生は参加されている。

一方で様々なファミリー内同好会活動が始まった。つい先日残念ながら解散した、遠藤先生もメンバーだった「樹座絵画塾」の第一回展示会がこの十一月に行われている。樹座ファミリー内ダンス教室グループも誕生した。その他将棋教室、料理教室、スポーツ同好会を結成しようという呼びかけも行われている。


この目まぐるしいさなかに、十月二十九日と三十日の二日にわたって「蝶々夫人」が渋谷の東横劇場で再演された。東急百貨店開業五十周年記念行事として、渋谷東急百貨店東横店の九階十階にあった大劇場「東横劇場」での公演を、東急が遠藤先生に持ち掛けてき

東急百貨店開業50周年記念公演「蝶々夫人」(1984年10月29日・30日)

たのだ。

第八回公演「カルメン」が東京とニューヨークで行われた後に神戸でも追加公演されたのと同じように、「蝶々夫人」をもう一度別な劇場でやる。出演者は思わぬ二度目の舞台に沸き返った。今回もこの日程では出演できないという出演者が何人か出た。だが、幸い新人だけに出演を限られた春の「蝶々夫人」公演に切歯扼腕していた旧座員がいる。彼ら彼女らの助けを借り、またこの東横劇場公演のための新たな出演者を募集して、新しいキャスティングが組まれた。指揮の黛敏郎さんはどうしても都合がつかず、松本紀久雄さんに大宮管弦楽団を指揮していただくことになったが、東敦子さんはご主人の彫刻家・二田原英二さんともども再出演してくださった。

劇団樹座第十三回公演とされたこの公演は月曜日と火曜日の夜だった。稽古は直前の土曜日曜と二週前の日曜のわずか三回のみ。大わらわで作り上げた本番舞台は、両日とも満員の温かい観客に迎えられ、笑いと拍手に包まれるものとなった。

この公演は「第十三回公演」と銘打って行われ、パンフレットにもそう印刷されているが、第十二回公演と同じ演目が、ほとんど同じメンバーで演じられたことから、後日、正規の第十三回公演の名は翌年の「スカーレット物語」公演に譲ることになった。そしてこの公演は座内では「第十二・五回公演」として扱われることになる。

遠藤先生はこの公演と重なるようにして「週刊新潮」誌上で次回公演の出演者募集を行った。出し物は「風と共に去りぬ」にバレエ「白鳥の湖」を組み込んだものだという。しかも松山バレエ団の清水哲太郎・森下洋子夫妻の指導を仰ぐ！　そのお二人の姿も東横劇場の客席にはあった。

メラニーが白鳥、スカーレットが黒鳥に！

「風と共に去りぬ」にバレエ「白鳥の湖」を組み込んだ劇団樹座第十三回公演「スカーレット物語」、昭和六十（一九八五）年三月十七日の日本都市センターホール昼夜二回公演に向けて、スタッフは年明けから活動を開始した。応募者四百人から五十人の新座員をオーディションにより決定、出演者は旧座員と合わせて九十人、演出はこれまでゼネラルスタッフ（劇団四季）として舞台監督を務めていた岩田広明さんが独立して務め、バレエ振り付け指導を松山バレエ団の清水哲太郎・森下洋子夫妻にお願いした。

遠藤座長の言う「風と共に去りぬ」にバレエ「白鳥の湖」を組み込んだ芝居とは、一体どんなものだったか。「風と共に去りぬ」は既に第七回公演で「スカーレット物語」として樹座のレパートリーに入っていた。山崎陽子さんの今回の脚本も基本的にそれを踏襲している。工夫は第一幕第五場にあった。愛するアシュレーが親友メラニーと結婚し、その

第13回公演「スカーレット物語」(1985年3月17日)

二人に子供ができたことを知って呆然としたスカーレット。その場で彼女は何と黒鳥に変身する。黒鳥の視線の先には白鳥に変身したメラニーが現れ、白鳥は王子（アシュレー）に手を差し伸べて王子と踊り始める。二人に近寄ろうとする黒鳥を、魔術師に変身したレット・バトラーが現れて遮る。王子は白鳥を抱え、魔術師は黒鳥を支え、舞台上で二組の華麗なバレエが披露される。やがて白鳥と同じ白いチュチュをつけた八人のスワンたちが現れ、二組を囲んでの優雅な踊りが繰り広げられる。

決めのポーズと共に曲が終わり、舞台が暗くなると、砲撃の音と共に南北戦争の状況を知らせるナレーターの声が響く。「四羽の白鳥」の曲と共に明るくなる舞台には、上手からは南軍の、下手からは北軍の兵士たちが四人ずつ手をつないで各二組、踊りながら登場する。彼らは誰もが知るあのメロディーに乗って片足上げやパッセを繰り返し舞台上を縦横に進み、時に並列し、時に向き合い、闘いのポーズをとる。そして最後に客席に背を向けて横一列になった南軍兵士たちは背中から崩れおち、その向こう側で横一列の北軍兵士たちが客席に向かって片腕を揚げ、勝ち誇る。

素晴らしい構成だった。「白鳥の湖」は見事に「風と共に去りぬ」に取り込まれていた。そしてその構成を納得させる素晴らしい振り付けだった。

しかし、その振り付けを身体で披露したのは、全員クラシックバレエなどに毫《ごう》も縁のな

カーテンコール。左から清水哲太郎、森下洋子、遠藤座長

かった素人である。姿勢は悪く、形は決まらない、足は揃わない、仕方のないことだろう。しかしその必死さ、その健気さは伝わる。観客は大爆笑と、大拍手と、大声援でその熱演に応えた。

素人たちに、優しく、呆れずに、丁寧に教えてくれた、清水さん、森下さんには、ただただ頭が下がる。

遠藤座長はこの芝居で、一幕の幕切れ、焼け落ちたタラでスカーレットを迎える父親を演じた。丹精込めた綿畑と綿花を焼かれ、気のふれた父親役の遠藤先生はつぶやく。「綿畑は焼けたよ」。とたんに野次が飛んだ。「私は呆けたよ！」。客席は大爆笑、遠藤先生は絶句してしまった。上手い野次、見事な野次、絶妙の野次が代々の公演を盛り上げてきた樹座の舞台だが、歴史に残る名野次だった。

私はこの舞台では台詞のある役をもらわなかった。出演はニューオリンズの街の場面での楽しく踊る市民の役だけ、実はそれ以外の時間は、下手袖幕の陰、観客席から見えない場所で舞台に向かって胡坐をかいて座り込んでいた。膝の間に脚本を開き、手にしたペンライトでページを追い、役者たちが台詞を忘れた時に（非常にしばしばあった）、その役者に向かって正しい台詞を口伝えする係、プロンプターを終始務めていたのだった。時にはプロンプターの声が、上がりきって興奮した役者の耳に届かない。次第にプロンプターの声が大きくなり、台詞を忘れた役者よりも先に客席に届く。客席からそれを繰り返す「×××だってよ」という野次が飛ぶ。やっと聞こえた役者が、その台詞を口にする。客席は大爆笑となる。そんなこともあった。この公演より後、私はしばしば自分の出演の場が終わると次の役の衣装に着替えてから、袖に胡坐をかいて座り、膝の間に台本を開いた。

遠藤座長は終演の挨拶で語った。
「来年はロンドン公演です」！

座長の東奔西走と大雪の第十四回公演

バレエ「白鳥の湖」を組み込んだ「風と共に去りぬ」公演が大成功に終わってひと月もたたない一九八五年四月十四日、遠藤座長はロンドンへ旅立った。「樹座ニュース」の巻頭に寄せた「座長より一言」によれば、「皆様とのお約束通り、来年のロンドン公演を実現させるべく、着々と準備を進めて」のことであった。この年五回も発行された「樹座ニュース」を追うと、劇場やホテルの下準備を進める様子、演目が「マダム・バタフライ」になること、三月に東京公演を行ったのち、ロンドンへの公演旅行はゴールデンウィークを予定していること、ロンドンでの楽しみ方、出演者数＝ツアー人数は五十〜七十人の予定といったことが、次々と座長の口から伝えられている。

そして驚くべきことに、六月に座長はサンフランシスコへ出かけ、四年後のサンフランシスコ公演を準備してきたこと（これは実現しなかった）や、日本ジャズダンス指導の第一人者・名倉加代子さんのスタジオと組んでの翌年十一月のミュージカル公演企画が進ん

世界を駆ける素人劇団 樹座 第14回記念公演
JAPAN'S BEST AMATEUR THEATRICAL GROUP KIZA SPECIAL PERFORMANCE
MADAM BUTTERFLY
〈マダム・バタフライ〉
1:30PM
5:30PM 23 MARCH(Sun.) 1986
都市センターホール TOKYO JAPAN
7:00PM 2 MAY(Fri.) 1986
JEANNETTA COCHRANE THEATRE
LONDON ENGLAND
Illustrated by TAKUMI AKINO

第14回公演「マダム・バタフライ」(1986年3月23日)

でいることも発表されている。まさに東奔西走、遠藤座長大奮闘であった。

ちなみにこの時の遠藤先生のロンドン旅行が、あの、ホテルでグレアム・グリーンと偶然出会った旅行である。


さてその樹座第十四回公演「マダム・バタフライ」だが、一九八六年三月二十三日日曜日の昼と夜の二回、麹町の日本都市センターホールで東京公演を行ったのち、五月二日にロンドン公演を行う、ついては東京公演と四月二十八日から一週間の観光を兼ねた公演旅行に参加できる人を求めるという形で、十一月下旬に座員募集された。

脚本は十二回公演のものを踏襲、山崎陽子さんはラインダンスの代わりにフレンチカンカンを挿入し、闘牛士の場面に派手な踊りを加えるなど、華やかさを出す工夫を加えた。音楽はオーケストラ同行の生演奏というわけに行かないので、前回から二代目座付きピアニストとして加わってくれた池内章子さんが大奮闘することになった。演出は前回に引き続き岩田広明さん、舞台監督には、数年前から歌唱指導の形で手伝ってくれていた木内康子さんが音楽担当兼任でついた。振り付けは名倉ジャズダンススタジオから来ていただけるという。

一九八六年二月二日に新規出演希望者に対するオーディションが行われ、約三十名の新座員が決まった。樹座舞台経験者もほぼ同数、合計約六十名の出演者は二月末から三月の土日を使った稽古に励み、東京の、ロンドンの舞台に備えた。

そして迎えた三月二十三日日曜日の東京公演、前夜からの雨は朝から次第に雪に変わり、舞台稽古さなかの午前中には、公演はあるのかとの電話が殺到し始めた。正午には劇場周辺も大雪となり、交通機関不通のニュースが流れ始める。

午後一時開場、ポツポツと客が来始める。一時四十分開演、千人収容の客席には四百人以上の熱心な客が詰めている。遠藤座長が開演前の舞台挨拶で「大雪の中を来られた今日のお客様こそ真の友人だ」と語り、幕が上がる。大雪に負けまいと頑張る出演者の熱演と、それでもの調子外れやミスに、声援と笑いと拍手が響き渡る。昼の部を終えた四時半には地下鉄だけが動いているとの情報が入る。そんな中で、夜の部は五時四十五分開演、観客は三百八十人。いつものような満席にはほど遠い客の入りだったが、この雪の中、足を運んでくださったお客様たちのため、素人たちの演技にひときわ熱が入る。熱演、珍演、怪演、そして声援と拍手の中で午後八時半、遂に夜の部も終了した。交通情報のアナウンスが繰り返し流れる中で退出する観客に心からの感謝を送る。

打ち上げは後日改めて行うと告げられ、スタッフ・キャストも急ぎ片付けを済ませて帰路につった。

ロンドン公演を四十日後に控えた東京での昼夜二回公演、疾風のような目の回る一日だった。

ロンドン、ロンドン、ロンドン（その1）

大雪の東京公演を終えた第十四回公演スタッフ・キャスト一行七十名は、昭和六十一（一九八六）年四月二十八日二十一時三十分、グローバル旅行社の添乗員・金井さんに率いられ、ＢＡ００６便で成田空港をロンドンに向けて飛び立った。北回り、今思えば懐かしいあのアンカレッジ空港での休憩をはさみ、空港屋上からのアラスカの景色を同行の仲間たちと楽しんだのち、ロンドン・ヒースロー空港へ到着したのは翌四月二十九日の早朝六時。入国手続きを終えて宿泊予定のロンドン・メトロポールホテルへ移動すると、別便で先に到着していた遠藤座長が笑顔で迎えてくれた。

公演は三日後の五月二日、それまでの三日間は、観光、観劇、フリータイムである。初日のこの日は、遠藤座長と一緒のロンドン市内観光が組まれていた。荷物をホテルに預け、朝九時、二台のバスに分乗する。何とビデオカメラを抱えたＢＢＣ放送のスタッフが一緒に乗り込んできた。彼らは遠藤周作の特集番組を作るため、この旅行中しばしば我々と行動を共にするのだという。

市内観光はロンドン塔見学から始まった。タワーブリッジの脇で座長を真ん中に全員の集合写真を撮り、しばらく散策、そしてバスの車窓からのトラファルガー広場など名勝地見学、ウエストミンスター橋で降りて橋からのウエストミンスター宮殿（国会議事堂）とビッグベン見学、更にはバッキンガム宮殿散策と続く。座員たちに立ち交じり、三々五々連れだって歩きながら、語り、笑いあう楽しそうな遠藤座長の姿が今も目に浮かぶ。ロンドン三越でのフリータイムを挟んで、昼食を中華レストランで取り、バスでホテルへ戻った。ここで今夜から四泊を過ごす部屋を指定され、各自夕食までの時間をそれぞれに費やした。

初日の夕食はロンドン塔近くの「ビーフィーターズ」という店、広いが入り組んだ穴倉のように天井の低い賑やかなパブだった。自由参加の形を取ったが、座長はじめほとんどのメンバーが参加し、飲み物と食事を楽しみ、他の客に負けじと大声で騒ぎ、目の前で繰り広げられるお店のショーに盛り上がった。

二日目の四月三十日は遠藤座長が率いてのシェークスピアの故郷ストラットフォード・アポン・エイボンへの遠出、自由参加とはいえこれもほとんどのメンバーが参加した。演出の岩田さんは舞台打ち合わせのため、また私はこの日、折からロンドンに留学していた

ロンドン橋前にて

座員たちと散策

ロンドンのパブにて

従妹の案内で大英博物館などを見てまわったので、この遠出には参加しなかった。岩田さんと二人で皆のバスの出発を見送ったのち、私は一人大英博物館前の待ち合わせ場所へ行き、その日の昼から午後までを、従妹の案内でロンドン市内で過ごした。夕刻、静かな田園訪問を楽しんだツアーの一行が戻ってきた。

この日の夜はミュージカル「スターライト・エクスプレス」観劇。二年前初演の、様々な機関車に扮した役者がローラースケートを履いて、舞台どころか客席上部や後ろにまで設けられたコースを走り回る大ヒットミュージカルを楽しんだ。

三日目の五月一日は夕食まで完全なフリータイム。私は出演者仲間と、トラファルガー広場、ナショナルミュージアム、コベントガーデンなどを訪ねた。本場のソーシャルダンスレッスンを受講しに行った仲間もいた。そしてこの夜は半年前にロンドンで初演されるや大ヒットとなっているあのミュージカル、「レ・ミゼラブル」の観劇である。今、世界中で話題となっているできたばかりのあの舞台を、本場で見られるのである。遠藤座長らとホテルのロビーで待ち合わせ、大勢で劇場へ向かった。台詞は理解しきれないものの、素晴らしい舞台装置、素晴らしい楽曲、そして歌唱力、舞台迫力に圧倒されっぱなしの一夜だった。

ホテルへ帰り、明日は公演本番というこの夜、私を含め元気な何人かは、それから近くのホテル「インターコンティネンタル」のディスコクラブ「ハミルトン」へと踊りに繰り出して行った。

そして戻れば毎晩のように続く、どこかの部屋での飲み会である。日本から持ってきた、あるいはロンドンで手に入れた飲み物とつまみを手に手に集まり、他愛もない話にふけり、アルコールを楽しみ、夜の更けるのを忘れた。

ロンドン、ロンドン、ロンドン（その2）

昭和六十一（一九八六）年五月二日、いよいよロンドン公演「椿姫入り蝶々夫人」の当日である。出演者一同は午前十時に集合しバスでジャネッタ・コクラン劇場に移動した。そこは客席数二百～三百のこぢんまりした劇場で、舞台も袖も楽屋も狭く、東京公演の日本都市センターホールとのギャップは大きかった。七十人の出演者は狭い楽屋や通路で、BBCや東京から来た報道陣にもみくちゃにされながら衣装を着け、メイクをつけて準備し、午前中いっぱいは場面ごとの舞台上の位置決め、そして午後中をかけて舞台稽古を行った。集音設備が悪く、ワイヤレスマイクもないため、ソロの歌い手はコード付きのマイクを手に持って歌うという樹座公演初めての体験もあった。

夜七時開演、ロンドン三田会の広報努力のおかげか、客席は老若男女（ほとんど日本人）で満杯であった。台詞をとちり、飛ばし、忘れるのはいつも以上だったが、演技に踊りに歌に必死に挑む素人の姿に、ここロンドンでも変わらず、観客は熱狂し、笑い転げ、惜しみない拍手を送ってくれた。

遠藤座長の医者役（名演技⁉）も加わる椿姫ヴィオレッタの臨終場面は、ロンドン素人役者陣によるリピート勢との競いあい、観客受けの勝負とされた。日本側の悪夢の五重唱はロンドンっ子にも大うけだったが、筋骨たくましい大男がヴィオレッタ役に、細身小柄な美女が恋人アルフレード役に扮し、医者役を交えて取っ組み合いをする演出のロンドン側に軍配が上がった。軍配を上げたのは終演時に挨拶に立った駐英日本大使。その挨拶を受けた遠藤座長の挨拶「またいつの日かロンドンに公演に来ます」で長い一日が終わった。

ホテルに帰り着いたのは午後十時過ぎ、興奮冷めやらぬ一同はいくつかの部屋に分かれて明け方まで騒いでいた。


翌日は座長がことあるごとに皆を連れて行きたいと語っていた古城ホテルに宿泊する日である。午前中に最後のロンドン市内を楽しんだ一行（私は確かこの日に、ロンドン・ベーカー街221b番地を訪れた）は、午後二時出発のバスでウィンザーへ移動した。そしてウィンザー城を見学したあと、たどり着いたのが郊外の「オークレイ・コート・ホテル」である。テームズ川河畔の緑の中にたたずむ貴族の古き館を改装したホテル、趣きのある外装を悦びつつ中に入ると、見事に整えられた重厚なロビーが迎えてくれた。そして指定された部屋は広く清潔で、何とも格調高い。この旅の最後の夜を過ごす素晴らしい環境を用意してくれた座長に、皆、心から感謝した。

だが素晴らしい環境は宿だけではなかった。この日の夕食はホテルの脇を流れるテームズ川を上り下りする遊覧船上でのさよならパーティが企画されていた。夕方、三々五々外の芝生に出ておしゃべりに興じた一同は、テームズ川の岸辺に舫《もや》ってあった遊覧船Windsor Monarch に乗り込んだ。BBCのクルーも乗り込んで来る。二階建てというか上下二層構造になったこの船の上の階で、乗船時に受け取った飲み物を手に、まずは座長の音頭で乾杯である。そのあとこの公演旅行に関して、実は座長の指示を受けてのロンドン出張など、ずっと準備に奮闘してきた、樹座創立者の一人伊藤清さんの挨拶があり、フリータイムとなった。各自、好きな場所に陣取り、料理を取ってきての食事の時間である。船はいつの間にか岸辺を離れ、上流に向かって動き出している。だんだん暗くなってくる。一同は席を移動しつつ、飲み物を飲み、おしゃべりに興じ、遂には各所で歌が始まった。更には踊りだす者もいた。BBCの撮影隊はその様子を写す一方、遠藤座長のインタビューも行っていた。興奮し、旅の終わりにすべてを発散させている一行を乗せた船は、いつしかUターンして、ホテルへ、船着き場へと向かっている。まわりはすっかり暗くなっていた。

ロンドン公演の一場面

オークレイ・コート・ホテルにて

BBCのインタビューを受ける遠藤座長

翌五月四日日曜日、昼に「オークレイ・コート・ホテル」を出発した一行は、ロンドン市内を経由してヒースロー空港に到着、同夜ＢＡ００５便に搭乗、途中アンカレッジ空港を経て、五月五日の昼に成田空港に帰ってきた。素晴らしい体験に満ち満ちた一週間のロンドン公演旅行が終了した。

「The オーディション」登場！

昭和六十一（一九八六）年は劇団樹座三十年の歴史の中で一番忙しい年になった。三月に麴町の日本都市センターホールで、五月にロンドンのジャネッタ・コクラン劇場で、第十四回公演「蝶々夫人」を大成功させた樹座は、休む暇もなく十一月の第十五回公演を成功させるべく準備に入った。それまでにもニューヨーク公演の年に神戸公演が飛び込んだり、春の公演に加えて秋に東横劇場公演を行ったことはあるが、いずれも基本的に同じ演目を同じ出演者で行ったものである。それに対して今回は全くの別作品、春と秋二回それぞれ別個の公演であった。その意味で、樹座の歴史上で一番大変な年であったと言える。

それは前々から遠藤座長が日本ジャズダンス界の第一人者・名倉加代子さんのスタジオと組んで公演しようと画策していた企画がちょうどこの時に実現したからであった。

選ばれた演目は、一九七五年初演の大ヒットブロードウェイ・ミュージカルで、この前年には映画化作品も大ヒットしていた「コーラスライン」を、ミュージカル舞台上の役名もないコーラスメンバーを選ぶ厳しい選抜劇という骨格はそのままに、日本風に、樹座風に大胆にアレンジした作品で、名付けて「The オーディション」。座付き脚本家の山崎陽子さんが特に念入りに腕を振るったこの作品は、以後合計三回の公演演目となるなど、劇団樹座のいわば看板とも言える作品になった。

演出は前回に続き岩田広明さん、振り付けは名倉加代子さんとそのお弟子さんたち、そして今回から事務局総務に最初期以来の加藤宗哉さんが加わった。

九月に新座員約五十名をそれこそオーディションを行って選び、旧座員との合計七十名の出演者が決定、十月五日に顔合わせと配役発表、そして十月の土日祝日を使って約十日間の稽古を重ね、十一月二日、午後と夜二回の公演を、麴町の日本都市センターホールで行った。

幕が上がり、舞台挨拶に立った遠藤座長は、薄汚れたジャンパーを身に着けている。挨拶はそのまま役としての台詞に移り、この人物はかつて素人劇団樹座の座長だったが、金儲け主義、若者美人優遇主義の悪者に劇団を乗っ取られ、今はしがない掃除夫をして糊口をしのいでいるという。そこへ現れた昔の樹座のスタッフ仲間、聞けばこの場は彼らが昔通りの樹座を再出発させるためのオーディション会場で、これから応募者が集まるはずだ

第 15 回公演「The オーディション」(1986 年 11 月 2 日)

という。喜んだ座長を中心とする軽やかな（?）ステップと共に場面は転換し、舞台はまさに新生樹座誕生のためのオーディション会場となる。

老若男女数十名の応募者たちの必死のダンス、「選ばれたい」という思いのぶつけ合いの末、舞台上にはダンス審査の結果選抜された十六人が残され、彼らは一人一人、選抜者＝演出家の質問に答えてゆく。バレリーナになることを夢見て生きてきたと語る女性たち、あらゆる劇団や番組の選抜試験に落ち続けてきた男性、最終選考の場で顔を合わせた嫁と姑、モーレツ社員であった自分を変えたくて応募した男たち、ストリッパーであることを知られた息子にまともな踊りを見せたいと語る母親……。十六の人生に対し、遂に最終八人が選ばれる瞬間が来る。

演出家は最後に彼らに力の限りのダンス披露を課し、その彼らが踊った「ワン」の踊りに強烈痛烈なダメを出して、休憩時間後の再挑戦を命じる。

わずかな休憩時間を経て現れた十六人は、見違えるように見事に「ワン」を踊る。演出家の「それでいい、やればできるじゃないか」という言葉の前で踊っているのは、実は名倉ジャズダンススタジオの精鋭たちであった。ここから舞台上はしばらく名倉スタジオのショータイムとなる。

皆で「ワン！」

オーディション会場に戻った舞台では最終の八人が選抜されて幕が下り、最後は名倉スタジオのメンバーも含めた全員が、金色のシルクハット、金色の上着、金色の衣装を着け、一斉に「ワン」を踊るカーテンコールになる。

嵐のようだったこの年の終わりを告げると同時に、何か樹座の新しい展開を予感させるような閉幕だった。

昭和六十二年、公演のない一年

一年間に二度の公演（しかも片方は東京&ロンドン）を成し遂げた樹座は、さすがに疲れ切った。遠藤座長は次回公演を昭和六十三（一九八八）年と宣言、昭和六十二年は公演のない年となった。五年間の休眠から覚めた樹座再出発の一九七七年以降、一年も休まず毎年一回以上の公演を続けてきた樹座にとって、公演のない年は十年ぶりのことであった。

公演のない年に座長は樹座の活動を休んでいたか。とんでもない。こんな時こそ遠藤座長の好奇心、発想力、行動力は倍増する。まず、樹座出演経験者たちの親睦団体「樹座ファミリー」の構成員数が多くなって（約三百人）顔の分からないメンバーも増えたからと、新たな団体「樹座サロン」を作り、第十五回公演新出演者たちからはそちらに入ってもらうことにした。そしてこの両団体を時には競わせ、出演経験者たちの交流をより深めようとしたのである。例えばファミリー・サロン対抗ボーリング大会、例えばファミリー・サロン対抗女子ソフトボール大会。昭和六十二年秋に第一回が実現した後者大会などは、両チームのユニフォーム代を座長がポンと供出、ファミリーはブラックの、サロンはピンクの、それぞれ揃いの短パンユニフォームに身を包んだ両チーム女子精鋭が多摩川河川敷の某グラウンドで死闘を繰り広げたのである。

もちろんファミリー・サロン合同の催しも企画した。恒例となったディスコ、ソーシャル盛りだくさんのクリスマス・ダンスパーティに続き、春には仮装花見大会を第十四回公演初出演の座員・関英子さん宅のお庭をお借りして行った。遊ぶ時は真面目に遊ぶ遠藤座長は、一見しただけでは座長と分からない、逆立つ髪に手ぬぐいを巻いたみすぼらしい身なりの浮浪者に扮して現れ、参加者の度胆を抜いた。そして「夏のカラオケ大会」に続き、六十二年の忘年会は従来のダンスパーティから一転、ファミリー・サロンの若手担当者たちが創意工夫した動きの激しい大ゲーム大会・ビンゴ大会となり、ここでも座長のハイな振る舞いに、会場は大いに盛り上がった。

遠藤座長の後押しを受けて、会員たちの同好会活動もますます活発になった。先発の秋野卓美画伯が指導し座長も所属する「樹座絵画塾」や、「ダンスサークル」に加え、演奏を楽しみたいメンバーは管弦打の楽器を手に集まって「樹座アンサンブル」を結成、樹座とは別団体である音痴男性コーラスグループ「コール・パパス」との合同公演に挑んだ。写真愛好家は「樹座写真同好会」を作り、写真展を繰り返し開催、「樹座ビリヤードクラブ」はゲームを楽しむ模様を写真に撮って「樹座ニュース」に投稿してきた。更に水泳好きは「華泳会」を結成して月例の泳ぎを楽しむ会を開くほか、房総で合宿を行った。「樹座ファミリー」発足以来ずっと会長を務めてくださった小坂俊雄さんは「樹座サロン」が誕生して一年余が経った六十三年の五月にファミリー・サロン全体の名誉会長となり、「ファミリー」の新会長は第五回公演から出演し、スタッフを支え続けてきた高野修氏が就任、副会長は横井二郎・手塚忠大・高畠文子の三氏、事務局長に私が就任した。「サロン」の新会長は第十四回から出演の関英子氏、副会長は池田弘孝・山口浪江・小泉満須男の三氏、事務局長は第十二回から出演の遠井洋一氏が就任した。これらのメンバーが、ますます活発化する樹座出演経験者の集まりの活動を支え、樹座の公演活動を裏から支えてゆくことになる。

第十六回公演は昭和六十三年に予定されていたが、ちょうど劇団樹座創立二十周年にあたるこの年の公演演目について、遠藤座長は早いうちから、①「The オーディション」の再演、②「忠臣蔵」、③「オーケストラの少女」の三つが自分の胸中にあると語っていたし、「樹座ニュース」でも発言していた。

その中で一時は③が有力になったが、六十二年の暮れ、来年は五月二十二日に「青山劇場」で「The オーディション」を公演すると発表された。一年間のお休みを経て、いよいよまた樹座の公演活動が動き出す。そこには作家の林真理子さんも出演されるという。

二十周年記念公演、これが樹座だ！

昭和六十三（一九八八）年の第十六回公演は、「劇団樹座創立二十周年記念公演」と銘打って、五月二十二日日曜日の昼夜二回行われた。会場はその三年前にオープンしたばかりの青山劇場、全床スライド式の二面の舞台を持ち、客席数は千二百、数々のミュージカルやバレエ、コンサートが行われる華やかな大舞台である。出し物は一年半前の第十五回公演でお披露目された「The オーディション」の再演、舞台のバックダンサーを選抜する最終選考を劇化したブロードウェイ・ミュージカル「コーラスライン」の日本版、樹座版である。

前回公演と同じ演目を続けて上演するのは初めてのことだったが、そこには劇団創立二十年の節目にふさわしい工夫が脚本に凝らされていた。

最終選考に残った十六人が、試験官である演出家の質問に答えてそれぞれの人生を語ってゆき、それが歌や踊りになり、あるいは舞台転換で寸劇のように演じられて、そこに思

第 16 回公演「The オーディション」(1988 年 5 月 22 日)

いがけない自己発見や友情が生まれる、という基本の構成は前回のままなのだが、今回はこのオーディションが、劇団樹座に入団するためのものであるという設定を強く打ち出した。そして例えばバレエの経験があると語る最終候補者に、演出家がなぜあなたは樹座の座員になりたいと思ったかと訊くと、彼女からは樹座の「白鳥の湖入りスカーレット物語」を見て、あのバレエシーンの素晴らしさが忘れられず、どうしても入団したくなったのだという答えが返り、途端に舞台は一転して、清水哲太郎・森下洋子振り付けのバレエシーンの再現となる。遠藤座長の指示による山崎陽子さん工夫の脚本である。

同じように演出家が舞台上の最終候補者たちに、樹座の舞台を見たことがあるかどうかを尋ね、あると答えた候補者たちに、どの芝居のどのシーンが印象に残っているかと訊く場面がある。候補者たちは口々に「椿姫入り蝶々夫人」のある晴れた日にだ、椿姫五重唱だ、「カルメン」のジプシーと闘牛士の歌踊りだ、「イライザ ストーリー」の結婚式に行こうの歌だ、「トニーとマリア」のダンスだと答える。すると演出家は手元にあるビデオを見せようと言って、舞台はそのうちのいくつかの場面の再現となり、手元になくて取りに行かせたビデオは、最終選考のためのダンスの前に届いたという設定で、そこに差し挟まれ再現される。

まさに樹座二十年を記念すべく、劇団樹座入団のためのオーディション会場で、樹座の

最終選考に残った応募者たち

過去の舞台から当時の観客を沸かせた（？）名シーン、珍シーンを、それもほとんどが歌と踊りの部分を、「これが樹座だ！」とばかりに再現させたのである。

この記念公演の出演者は、新人と経験者を合わせて百人に及んだ。彼らは殆どが冒頭の場面で樹座入団希望者として登場、選考のダンスに挑んでふるい落とされて去り、新たに進行するオーディション（選考）という主筋を構成するストーリィと、差し挟まれる五つの名場面再現シーンの役者として登場し、台詞を言い、歌い、踊った。観客は爆笑に次ぐ爆笑、拍手に次ぐ拍手で、この懸命な役者たちを支えてくれた。

主筋の選考の過程では、奇しくも最終選考に残って鉢合わせした嫁と姑のバトルや、モーレツ社員の生活に嫌気がさして揃って応募してきた男性会社員たちの嘆きが演じられ、ストリップダンサーであることを中学生の息子に知られ、ちゃんとしたダンスの舞台に立ちたいとオーディションに挑んだ女性の役で出演した作家の林真理子さんは、その息子と楽屋口で歌う感動の場面で熱唱を聞かせた。

そして差し挟まれる、「白鳥の湖入りスカーレット物語」の再現シーンや「椿姫」「蝶々夫人」「トニーとマリア」の名場面（?）の再現シーン。

そして最後は前回と同じく、「ワン」の踊りに挑んで拙さを叱られた十六人が、名倉加代子ジャズダンススタジオの精鋭と入れ替わって華麗な踊りを見せ、最終選考結果が発表されてエンディングとなる。

岩田広明さんの演出、名倉加代子さんの振り付け、そして劇団四季ゼネラルスタッフ、名倉加代子ジャズダンススタジオ、松山バレエ団らの協力を仰いで、樹座二十周年記念公演は記念公演らしい演目を見事に披露して、無事幕を下ろした。

松坂慶子演出「椿姫」

第十六回公演から再び一年半の間隔をあけて、昭和六十四（一九八九）年十月八日に、昼夜二回、日本都市センターホールで行われた劇団樹座第十七回公演は、女優の松坂慶子さんを演出に迎えた。遠藤座長が舞台挨拶で「あれだけの大女優ですから、演出と言っても数回ちょこちょこっと稽古に来て、コメントを残して、あとは任せると言って帰ってしまうのだろうと思っていたら、なんと毎回毎回稽古に来て、ずっと立ち会い、私たちに演技指導してくれる。いやみんなすっかりファンになってしまいました」と述べたが、まさにその通り、座員選抜のオーディションから稽古開始、公演本番から公演後の打ち上げまで、真面目に楽しくつきあってくれた。

出し物は「椿姫」、パリの社交界で花と謳われた高級娼婦ヴィオレッタと純朴な青年アルフレードの悲しい恋を描いたオペラである。前回前々回公演の「The オーディション」もそうだったが、万人がストーリィ展開を承知している物語ではない。「カルメン」「蝶々夫人」「風と共に去りぬ」「ウエストサイド物語」といった知名度の高い作品とは一味違う。その意味で樹座はこの頃から、〈誰もが知っている物語〉を取り上げるという第五回再出発公演以来の路線から変わってきたと思う。それは自信の表れだろうか、それとも慢心なのだろうか。

ただ「椿姫」は、これまでに二回（東横劇場公演やロンドン公演を別勘定すれば四回）、「蝶々夫人」の中で劇中劇として組み込まれ、要点だけをピックアップしたショートバージョンとして演じられてきた。それを今度は単独で、オリジナルのオペラに近い形で取り上げようというわけである。そのためこれまでは省略されていたアリアや二重唱もしっかり入り、華麗なものとなる代わりに、出演者には辛い、そして観客にはそれ以上に辛い舞台となった。

ヴィオレッタ主催のパリの社交界のパーティで、アルフレードを紹介されるヴィオレッタ、彼から自分へのいちずな思いを告げられ心動かすヴィオレッタ、そして田舎の別荘で貧しいけれど幸せに暮らすようになった二人。そこへアルフレードの父親が現れ、アルフレードの妹の幸せな結婚のためにヴィオレッタに身を引いてくれと頼む。黙って姿を消すヴィオレッタ。こういったストーリィが「乾杯の歌」「そはかの人か」「プロバンスの海と陸」といった名曲（名歌唱？）と共に展開する第一幕。

第17回公演「椿姫」(1989年10月8日)

幕間に思いがけないことが起こった。素肌に赤い布を巻き付け火星人だと名乗る作家の北杜夫さんが幕前に登場し、延々と火星語？でしゃべり歌い、止まらなくなったのだ。戸惑う客席、そしてそれ以上に戸惑う舞台裏スタッフ。最後は急遽白衣を着て聴診器を首にかけた出演者の文芸評論家・高橋千劔破《ちはや》さんが看護婦と共に登場して、ようやく北さんを袖に連れ戻す顚末となった。

そして第二幕はヴィオレッタの戻ったパリでの仮装舞踏会から始まる。ここで仮装したジプシーの歌、マタドールの歌が出ると、一転樹座おなじみのカルメン、ホセ、エスカミーリョが現れ、「トレアドール」を、そしてカルメンに扮した林真理子さんが「ハバネラ」を歌う場面となる。更に演出の松坂さんにちなんで、ここから「愛の水中花」「上海バンスキング」「夜明けのタンゴ」「蒲田行進曲」といった彼女のヒット曲オンパレードが展開した。松坂慶子特別コーナーである。

そして終幕、病重いヴィオレッタの元にやっとアルフレードが駆け付け、二重唱「パリを離れて」が歌われ、父・ジェルモンと医者、侍女アニーナも加わったヴィオレッタ臨終の五重唱となる。もちろん医者は遠藤座長の持ち役、恐怖の五重唱を見事（？）にこなし

稽古場で演出する松坂慶子

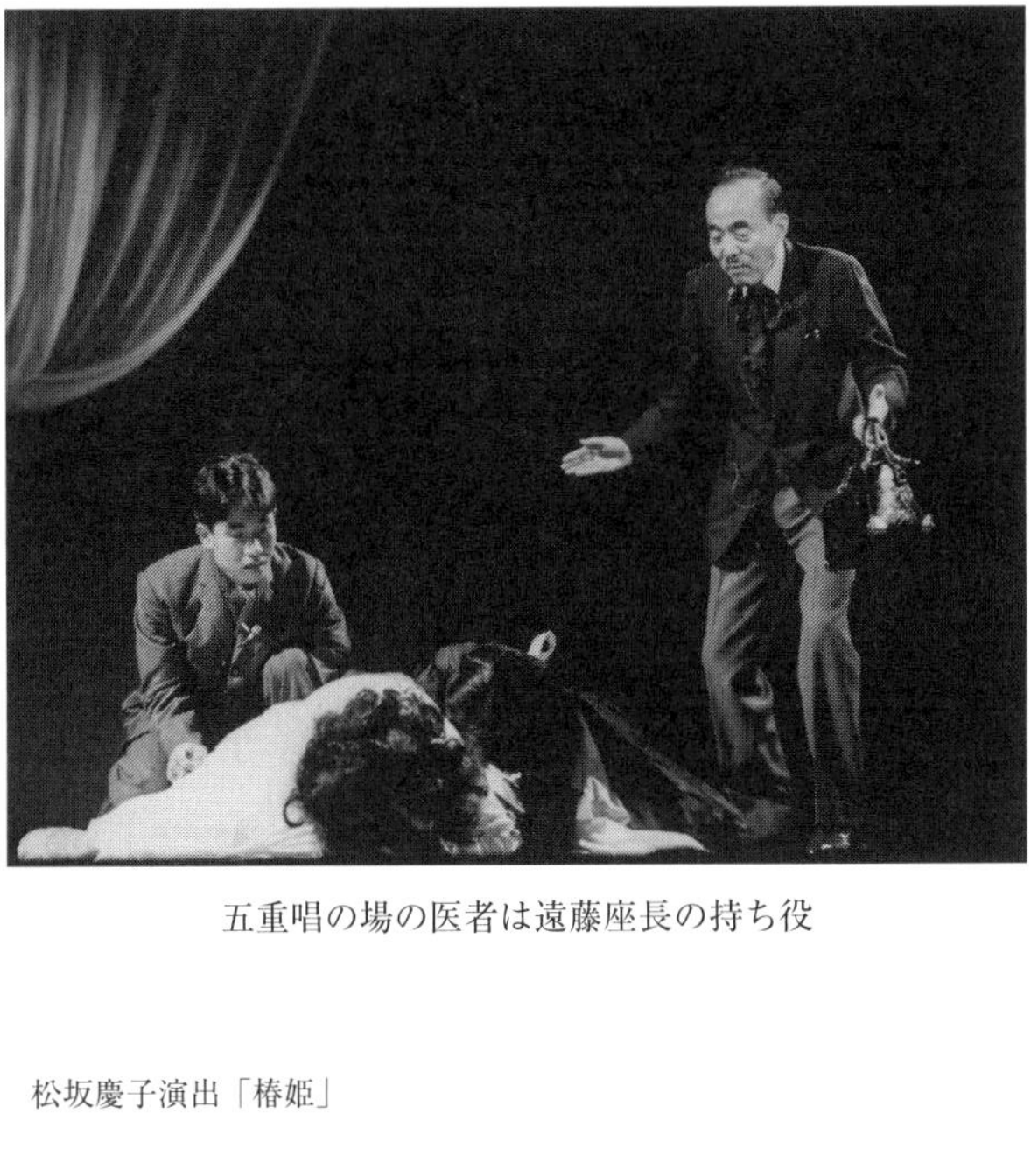

五重唱の場の医者は遠藤座長の持ち役

た。

オーケストラピットに入って演奏してくれた松本紀久雄さん指揮の星陵フィルハーモニー管弦楽団と、袖でピアノ演奏してくれた池内章子さんは大変な苦労だったが、満員の観客席は終始、沸きに沸いていた。

カーテンコール挨拶で遠藤座長は観客とスタッフに感謝の思いを伝え、次回公演は林真理子さん演出で「アントニーとクレオパトラ」をやると宣言した。

より華やかに、より大掛かりに

遠藤先生の対談好き、対談上手は誰もが認めるところだが、一九九〇年当時、雑誌新聞テレビ等各媒体での、遠藤先生と妹尾河童さんの対談がやけに目についた。実はこの繰返しが、この世界的舞台美術家の素人劇団樹座スタッフ入りという結果に結びついたのである。この時以後、河童さんは最後まで樹座の舞台装置を担当してくれた。

前回公演から一年半の間をおいて、平成三（一九九一）年三月三日に青山劇場で行われた劇団樹座第十八回公演は、河童さんの豪華な舞台装置もあって、ひときわ華やかなものとなった。出し物は「クレオパトラ」昼夜二回公演。演出は前回公演での予告通り、作家の林真理子さん。おなじみの岩田広明さんが演出補についた。脚本は樹座では初めて、加藤宗哉さんが手がけ、シェークスピアの「アントニーとクレオパトラ」を下敷きに、二幕十九場のミュージカルに仕上げた。振り付けは名倉加代子さん総指揮のもと名倉ジャズダンススタジオのベテランが指導。音楽は塩田明弘さん指揮による管弦楽団が担当、座付きピアニストの二代目・池内章子さんと三代目・勝呂真也さんが歌に合わせる苦労の演奏の腕を振るった。

物語はエジプトで女王クレオパトラと恋に落ちたローマの三頭執政官の一人アントニーと、もう一人の執政官オクタヴィアヌス・シーザー（舞台上ではシーザーと呼ばれる）の争いをめぐって展開する。アントニーとシーザーの姉との政略結婚をめぐる、アントニーとクレオパトラの愛と嫉妬のドラマ。そして遂にクレオパトラとエジプトのためにローマと戦うことを決意するアントニー。急展開するシーザーとアントニーの政略と軍略のドラマ。最後はローマ軍（シーザー）とエジプト軍（アントニーとクレオパトラ）の戦いとなり、エジプト軍は敗れ、クレオパトラが死んだと誤り聞いたアントニーは自決する。そしてアントニーの死を知ったクレオパトラは、自らの胸を毒蛇に咬ませて息絶える。二人の死を確認したシーザーは、その気高き魂をたたえ、二人を共に埋葬することを命じて、ローマへ凱旋する……。

この物語を、男五十七人、女六十五人の素人役者たちが必死に演じた。しかもミュージカルである。独唱あり、合唱あり、歌いながらの踊りあり、群舞ありといった目まぐるしさだ。もちろん樹座おなじみの役者の途中交代は引きも切らず、クレオパトラ役も二十人

第18回公演「クレオパトラ」(1991年3月3日)

近くが繋げば、アントニーもシーザーも次々に交代する。芝居の途中で役者たちの動きが止まったと思ったら、主役が袖から出てきた新しい役者に代わり、芝居が続けられる、ということもしばしばだった。

それに加えて今回は豪華ゲストということで、ベリーダンスの第一人者・海老原美代子さん振り付けによるプロのベリーダンサー二人の華麗な舞いが加わり、そこに二十人ほどの座員も振りを添えた。更なる豪華ゲストはマジック特別出演で、引田天功さんが登場、舞台上で華麗な幻消・幻出の技を披露し、観客の度胆を抜いてくれた。

これだけの豪華絢爛、複雑怪奇な舞台である。初演出の林真理子さんはどんなに苦労だったかと思うが、見事にさばいてくれた。

素晴らしかったのは何といっても河童さんの舞台装置、舞台美術である。全幕を通じて舞台左右にはエジプトを感じさせる太く高い柱が立ち、舞台の額縁の役目を果たしている。中央には幕に応じ、場に応じ、釣りもの、レリーフ、カーテン、柱が現れ、背景を際立たせた。その前でそれぞれの役を演じる役者たちが、生き生きと（?）していた。

舞台上の圧巻を二つ。一つは「ウエスト・サイド・ストーリー」の「トゥナイト五重唱」（ジェット団、シャーク団、トニー、マリア、アニータ）の曲を使っての、エジプト

ローマ軍兵士たちのダンス

軍、ローマ軍、アントニー、クレオパトラ、シーザーによる、戦いを前にした歌いあげ五重唱である。見事に観客の心をつかんだ（と思う）。もう一つはクレオパトラの自死のシーンである。クレオパトラが籠から出した毒蛇に自らの胸を咬ませ、侍女たちに抱えられて息絶える。すると突然下手袖に遠藤座長が現れ、「このシーンは希望者が殺到しましたので、申し訳ありません、役者を替えてもう一回演じさせていただきます」と言う。笑いと注目のうちに新しいクレオパトラが新しい侍女たちを従えて現れ、自死シーンを再現すると、また座長が出てきて、「すみません、すみません、もう一回やらせてください」と言う。観客は大受け、爆笑爆笑、大拍手は鳴りやまなかった。

「樹座おおいた」の誕生と劇団の小分裂

平成三（一九九一）年初夏、「クレオパトラ」の公演を終えて間もない頃、遠藤座長から思いがけないニュースが座員にもたらされた。「この秋、大分に劇団樹座の支部が誕生し、公演を行う」というのだ。

遠藤先生はこの時期、「小説新潮」に豊後大分のキリシタン大名、大友宗麟の生涯を描いた長編小説「王の挽歌」を連載中だったが、この作品執筆に至るまでには、先生と大分県、特に時の県知事・平松守彦氏との間に様々な接触があった。その過程のある日、遠藤さんは県側に大分での樹座の公演を持ち掛けたという。県は考慮の末、折から平成三年秋に大分で行われる予定となっていた「第三回全国生涯学習フェスティバル」への樹座招待という形で応えた。すると遠藤さんは、樹座招待ではなく、大分に樹座支部を結成し、大分県民が演じるのはどうかと応じ、ここに劇団「樹座おおいた」が誕生することになった。

公演の演目はあの「椿姫入り蝶々夫人」、東京からは演出の岩田広明さんと演出助手兼音楽監督の木内康子さんを派遣して稽古に立ち会わせ、舞台装置は妹尾河童さんにお願いし、製作の指揮は加藤宗哉さんが行う。更に名物のラインダンスは東京勢が引き受け、応じた女性陣が公演当日に参加することになった。

九月の出演希望者によるオーディションには遠藤さんも駆けつけ、県民出演者が決まった。ここで遠藤さんは平松知事に、「あなたが公演に出ないならスタッフを引き上げる」という要求を突き付けた。平松知事はピンカートン役で自ら舞台に立つことになった。

大分では配役も決まり、岩田さん木内さん指導の元、着々と稽古が進んでいるようだった。東京ではラインダンス参加希望者が三十五人集まり、私が稽古指導を請け負って十月に五回の稽古を行った。そして本番には私と遠井洋一さん、丸田明利さんの男性三人が、三十五人のラインダンサーの取りまとめ役として付き添うことになった。

十一月二日土曜日、公演当日である。前日羽田空港を発ち国東半島の日出に一泊した私たちは、公演会場の大分文化会館へ急いだ。そして「樹座おおいた」勢に合流、妹尾河童さんの手掛けた豪華な舞台装置の元で舞台稽古に加わった。夜六時半開演、樹座の舞台は東京も大分も同じである。緊張しきった素人役者の演技、歌、踊りに、観客は手を打って喜び、野次を飛ばし、笑い転げた。平松知事は熱唱し、東京からのラインダンサーは大拍手で迎えられた。終演後は打ち上げパーティ、遠藤座長は仕事で来られなかったが、東京

東京から駆けつけたラインダンサーズ

熱唱する平松守彦元大分県知事（写真提供＝長崎市遠藤周作文学館）

から駆け付けた河童さん、山崎陽子さん、加藤宗哉さん、古木謙三さんらと共に、大分の新しい仲間たちと祝杯を挙げた。

翌十一月三日、東京からのラインダンサー一行は、宇佐神宮の見学、国東半島見学の楽しい時間を過ごして、東京へ戻った。

誕生した劇団「樹座おおいた」の第一回公演は大成功に終わった。だが、その後の「樹座おおいた」の活動ぶりは聞こえてこない。


この頃、劇団樹座に悲しい出来事があった。座員の分裂である。樹座スタート時からのスタッフで樹座を支えてきた功労者、伊藤清、本藤舜、野口晃史の三人が樹座を辞め、新しい劇団を立ち上げた。原因は彼らが彼らの属していた「コール・パパス」のメンバーと共に、樹座とは別な演劇活動をしようと試み、遠藤座長が、樹座の仲間がダンスや演奏や絵画や写真のグループ活動をするのは構わないが、芝居公演活動をするのは困ると言い、演劇をするなら樹座を辞めてほしいと主張したからである。彼らは大きく派手な活動を続ける樹座とは別に、手作りの小さな演劇活動をしたかったのであろう。樹座から分かれて行き、「ステージドア」という小劇団を結成して、公演活動に入った。

分裂は仕方のないことだが、創立以来の功労者がいなくなるのは寂しかった。そして更に寂しいのは、「コール・パパス」の男性陣だけでなく、彼らに同調して樹座を辞め新しい劇団に移って行った、昨日まで「樹座ファミリー」の仲間として楽しく付き合ってきた女性たちが少なくなかったことである。彼女らも大きく派手になった樹座とは離れて、初心に戻った、小さな演劇活動をしたかったのだろう。書くのが辛い出来事だが、樹座の歴史の一コマとして、書いておく。

遠藤座長の夢かなう「オーケストラの少女」舞台化

今から八十年以上前の昭和十年代前半、アメリカで公開された天才少女歌手ディアナ・ダービンと人気絶頂の指揮者ストコフスキーが共演した映画「オーケストラの少女」は、日本でも大ヒットした。この映画に心躍らせた一人が遠藤座長である。座長との映画をめぐる会話には、ことあるごとに「オーケストラの少女」、ディアナ・ダービンの名が登場し、劇団樹座の公演演目候補として、座長はいつからかこの映画の舞台化を挙げていた。

あの華やかな第十八回公演「クレオパトラ」から二年、一九九三年の第十九回公演は、いよいよその座長の夢の実現となった。しかも劇団樹座創立二十五周年記念公演となる。二月二十八日日曜日の昼夜二回、青山劇場だ。演出には女優の名取裕子さんを迎え、また黛敏郎さんが東京シティ・フィルハーモニック管弦楽団を率いて「蝶々夫人」以来二度目の登場、指揮を執る。更に名取さんと共に演出家として、俳優座の役者で舞台演出家でもある湯沢紀保さんが加わってくれることになった。

第19回公演「オーケストラの少女」（1993年2月28日）

物語は失業中のトロンボーン奏者である父とその仲間の音楽家たちを救うべく、娘のパッツィが大車輪の活躍をし、楽団を作り、果ては名指揮者ストコフスキーを引っ張り出してコンサートを大成功させる、という歌入り、演奏入りのサクセスストーリィである。

この舞台を作るため、新人座員の募集を行った。それまでの樹座公演における出演者の募集には、著名人が問い合わせや告知のメッセージを載せる「週刊新潮」の「掲示板」という頁を使って遠藤座長が呼び掛けていたのだが、この年は違った。おりから「朝日新聞」紙上で行っていた連載エッセイ「万華鏡」の一回分を使って、座長はこの公演予告と座員募集を行ったのである。その反響はすさまじかった。六十名程度の募集に三千人以上の応募者があったのである。抽選等で一次選考を終え面接を四百人に絞ったが、オーディション当日の混雑はすごかった。面接会場のある赤坂見附のビル四階のホールに至る階段は応募者で埋め尽くされ、樹座ファミリーの仲間に手伝ってもらって、会場整理にあたってもらうほどだった。

新座員が決定し、再出演、再々出演する旧座員も決定、舞台上で楽団員を演ずるために樹座ファミリー内の演奏同好会・樹座アンサンブルのメンバーが楽器を持って参加、それに演奏のみを行う急結成された樹座オーケストラのメンバー、更にはラインダンスにのみ出演する数十人の女性たちも加わって、出演者は百二十人を超えた。

稽古場にて。左から山崎陽子、名取裕子

この回の新座員の特徴の一つに比較的高年齢の男性が数多くいたことがある。彼らの何人かを指して女性陣が「ダンディーだわ」と言ったのを受けて、彼らはグループを作って自ら「ダンディーズ」と名乗った。このグループは稽古が進むにつれしばしば会合を持ち、独自の飲み会などを行っていた。

稽古は一月十七日から、主に池袋の東京芸術劇場リハーサル室を借りて行われ、芝居、ダンス、歌、演奏、熱のこもった指導と出演者の苦闘が続いた。

公演当日、東京シティ・フィルの華麗な序曲演奏で始まった舞台は、満員の観客の笑いと拍手で沸きに沸いた。次から次へと変わるパッツィ役は最後の特別出演オペラ歌手髙野久美子さんを入れて十九人、これは前回のクレオパトラ役十八人を超えた。観客が混乱しないよう、最後の二人を除いて皆、赤い水玉模様のドレスを着ている。特別出演の林真理子さんによるハバネラ熱唱もあり、六十八人の赤いレオタードが華麗に舞うラインダンスもあった。そして終幕近く、人気指揮者を失業者楽団のコンサートに引っ張り出すべく忍び込んだパッツィの前に現れたストコフスキーは、黛敏郎さんだった。指揮者を説得すべくパッツィが失業者楽団に演奏を促すと、舞台上に立った姿勢で楽器を奏でるのは、オケピットから舞台上に上がってきた東京シティ・フィルの皆さんである。演奏に思わずストコフスキーの指が、腕が動き出す。客席からは万雷の拍手が寄せられた。

この舞台、開幕前の挨拶に遠藤さんは現れず、挨拶は副座長の脚本担当・山崎陽子さんが行った。カーテンコール後の挨拶は名取裕子さん、そして名取さんが妹尾河童さんと山崎陽子さんを舞台上に呼んで紹介した後、遠藤座長を呼んだ。満を持した感じで登場した座長は、名取さんとの間に絶妙のやり取りをし、元気な声で挨拶をして、舞台を締めた。

この時期座長は、腎臓の病いと闘いながら、書き上げた書下ろし長篇小説『深い河』の完成に向け、修正・手直しに心血を注ぐ毎日だった。

第二十回公演、遂に国立劇場の舞台へ

第十九回公演「オーケストラの少女」の三か月後、遠藤座長は入院して腹膜透析のための手術を受け、その後自宅での透析生活に入った。苦しい闘病生活だった。だが座長は座員たちにその姿は見せず、その秋の「樹座ニュース」で次回公演はアッと驚くプランを練っていると発言、更に翌年秋の同ニュースで、翌一九九五年八月に第二十回記念公演を何と国立劇場で行うと告げた。これはかつて文化庁長官を務め、国立劇場理事長だった座長の友人、作家の三浦朱門さんのお力添えによるものだった。旧座員たちの盛り上がりは激しかった。座長は樹座のことを熟慮している。おかげで自分もあの伝統芸能の殿堂に立てるかもしれない！　誰もがその思いに震えた。

翌春、公演が八月二日であること、演目が三度目となる「The オーディション」であることが発表され、六月からそれこそ厳しいオーディションを経て選ばれた新旧合わせて百人を超える出演者たちの稽古が始まった。脚本は山崎陽子さんが再演のものに更に工夫を加え、演出は前回初登場の湯沢紀保さん、振り付けは名倉加代子さんとお弟子さんだった。

稽古はきびしいなりにも楽しく進み、新座員もすぐに旧座員に溶け込んだが、演出をはじめとするスタッフは劇場側との交渉が大変だったそうだ。劇場の現場スタッフは、伝統あるこの舞台を素人が使うということにいい思いを持っていなかった。十数年前の帝劇公演の時も同じだったたが、このプロたちの反感は、実際に舞台上での稽古に至って、その素人の必死さにむしろ打たれて、好感へと変わっていったのだが、今回は国立劇場の特徴を生かして、回り舞台やセリを使おうという演出もあったため、劇場側を説得するのが大変だったという。

前回公演の新座員には高年齢の男性が多かったと書いたが、今回の新座員にはどういうわけか現役女子大生が多く含まれていた。彼女らもすぐに親しくなり、何かと連れ立つようになったが、その中には当時大学四年生の私の娘もいた。妹に続いて、今度は娘まで樹座に引っ張り込む。私は家族ぐるみ（?）樹座に浸かっていた。

ともかく稽古は進み、座長も一度だけ稽古を見に来てくれ、本番を迎えた。最初に緞帳前のパイプ椅子に腰かけた遠藤座長がスポットライトに浮かび上がり、傍らから差し出されるマイクに向かって話すという形で、座長挨拶があった。自分は今闘病中で、先日病院

第20回公演「The オーディション」(1995年8月2日)

から退院してきたばかりであること、素人がこの特別の劇場で芝居をするというありえないことができるのは三浦朱門さんのおかげであること、自分は今回出演しないが、次回公演では必ず主役か準主役として舞台に立つこと（ここで観客席から大きな拍手と激励の声が届いた）などを語った。そしてスポットが消えると、ゆっくりと緞帳が上がっていった。

舞台設定は前回再演とほとんど同じで、劇団樹座の出演者を選ぶためのオーディションで最終審査に残った十六人が自分を語りそれが寸劇のように演じられるというストーリィに、過去の樹座の名（？）場面が再現されるという形になっているが、一つだけ初演再演と違うのは、候補者の一人が故郷で見た旅芝居一座のことを語り、そこで「名月赤城山」と「瞼《まぶた》の母」の一場面が加わったことであった。樹座では初めての時代劇、立ち回りシーンだったが、これは演出の湯沢さんが、役者であり演出家であると同時に、立ち回りの振り付け（殺陣《たて》）もできるから増えたシーンだった。

それともう一つ目立ったのは、豪華な特別出演者だった。樹座名場面の「蝶々夫人」で、「ある晴れた日に」を作家の林真理子さんとオペラ歌手の宮野麻紀さんが歌い、「ウエスト・サイド・ストーリー」の体育館ダンスに元宝塚トップスターの大浦みずきさんが登場、観客の度胆を抜く素晴らしいダンスを披露した。樹座の舞台であの大浦みずきさんが踊る！　それだけで出演者たちは、観客はふるえた。実は大浦さんは、遠藤さん、三浦さん

樹座舞台上初のチャンバラ

らの作家仲間である、阪田寛夫さんの娘さんであるというご縁もあった。

一幕終わりには恒例のラインダンスもあったが、定番の「天国と地獄」ではなく、ミュージカルの名曲「雨に唄えば」に乗り、雨傘を手にして隣と手を組まずに踊る難しい振り付けを名倉さんが考えてくれた。

最後は名倉ジャズダンススタジオの精鋭による「ワン」のダンスとそれに続く合格者発表、そしてカーテンコールである。全員が金色のジャケットに金色の蝶ネクタイ、金色のシルクハットをかぶって「ワン」を歌い踊る。女性陣はジャケットの下はラインダンスの赤いレオタードである。ステップを踏み、飛び上がり、歌う。満面に笑みをたたえた出演者たちの「ワン」はいつまでもいつまでも国立劇場内で続いた。

座長の死と樹座の解散決定

一九九六（平成八）年九月二十九日は日曜日だった。夜に入り、自宅でくつろいでいた私に、八時過ぎ、加藤宗哉さんから電話が入った。慶應義塾大学病院からだった。「先生が先ほど亡くなられた。聖イグナチオ教会での通夜・葬儀を決めたけれど、その段取りを相談したい。今から来られないか」と言う。遂にこの時が来てしまった。私は飛んでいった。この日、ご遺体にはお目にかからなかったけれど（お目にかかったのは翌日、ご自宅でだった）、順子夫人、龍之介さん、加藤さんらと話し合い、翌々日十月一日の通夜と二日の葬儀・告別式における裏方手伝いの取り仕切りを頼まれ、お引き受けした。

その席では、とりあえずはマスコミ等に先生の逝去は伏せておこうと決め、十一時頃加藤さんと病院を出ると、玄関前はいっぱいの新聞社やテレビ局の車であふれていた。この夜、既にテレビのテロップでは遠藤先生逝去のニュースが流れていたと知ったのは帰宅してからであった。

座長は前年八月の劇団樹座第二十回公演に緞帳前での挨拶という形で顔を見せたあと、その年の十一月には文化勲章受章のニュースが新聞テレビに報じられた。しかし翌一九九六年に入ると、四月に慶應病院に検査入院され、退院後も六月に再入院して、そのあとはずっと病院での闘病生活であった。

樹座の仲間は皆、座長の体調が思わしくないこと、必死に闘病生活を送られていることが分かっていたから、ただひたすら、座長の体調のご回復を祈り、次の公演に関する発表を待ちこがれるだけ、という状態が続いていた。

そんな中、樹座ファミリーの事務局を任されていた私は、「樹座文化祭」というものを企画した。樹座舞台出演経験者からなる樹座ファミリーでは、座長も加わっていた絵画グループ・樹座絵画塾や、楽器演奏を楽しむグループ・樹座アンサンブルなど、同好会活動が盛んだった。前回公演で味わったチャンバラの魅力に惹かれた私は同志を募って立ち回り同好会「樹座殺陣クラブ」を作り、湯沢さんを先生に迎えて定期的な稽古を始めていた。他にもフラワーアレンジメント同好会やダンス同好会もある。この際、そんな同好会が一堂に会してそれぞれの成果を発表し合う「文化祭」をやるのはどうだろう。会場の舞台上では樹座アンサンブルの演奏や樹座殺陣クラブの立ち回りがあり、会場の壁面や入り口空間には樹座絵画塾やフラワーアレンジメントクラブの作品展示がある。たとえ遠藤座長自身は見に来られなくとも、こんな風に樹座の仲間が皆仲良く頑張っていると知れば、喜ばれるのではないか、そんな風にも考えた。

さっそく新大久保（新宿区戸山）にあった「ストラーダ新宿」というホテルのホールを予約し、各同好会に参加を呼び掛けた。殺陣クラブでは早くも文化祭で披露する立ち回りの振り付けを先生に考えてもらい、稽古を始めた。

そんなさ中の訃報だった。行事予定はすべて中止となった。

亡くなられた翌日の九月三十日と翌々日十月一日の昼間、私は各出版社の遠藤先生担当者に連絡を取り、また各社各関係者からの申し出を受けて、四谷の聖イグナチオ教会における通夜と葬儀の、受付、会計、案内、誘導、クローク、会場整理といった裏方手伝いの係を決め、依頼する作業に没頭した。古くからの樹座の仲間からも手伝いたい、何かできることはないか、という連絡を受け、係を引き受けてもらったりもした。

通夜・告別式の司式は遠藤先生の畏友である井上洋治神父が執り行い、告別式での弔辞は作家・安岡章太郎氏、作家・三浦朱門氏、映画監督・熊井啓氏の三人が述べられた。告別式の参列者は何と四千人を超え、献花の行列は麴町通りにまで及んだ。この時に報道された、遠藤先生の棺を乗せた車が出発する際に参加者からあがった「遠藤先生、ありがとうございました！」という声を、私ははっきりと耳にしている。

ところで劇団樹座のその後をどうするか。続けるのか止めるのか、続けるとしたら誰が率いるのか、そんなことを話し合い、決めるために、座長の亡くなった一か月後の十月二十九日、スタッフが神田のビルの一室に集まった。高野修さん、加藤宗哉さん、池田弘孝さん、関英子さん、古木謙三さん、それと私だったと思う。遠藤座長自身は、君たちが樹座を続ければいいと言っていたようだが、この日、皆は一致して「樹座」の名を残すのは止めようと決めた。遠藤さんあっての「樹座」だ。「樹座」の名を残し、これからもその名で何らかの活動が行われれば、いつどんな形で遠藤さんに迷惑をかけることが起きるかもしれない。それよりは、「樹座」の名をはっきり封印して、以後誰にも使わせないようにしよう、そう決めた。

以後、「樹座絵画塾」は「木の会」に、「樹座アンサンブル」は「遠藤記念アンサンブル」に、「樹座殺陣クラブ」は「The 殺陣クラブ」に改名して活動する（この会は一九九九年以降二十一年間にわたり、二年に一度合計十一回のチャンバラ入り芝居を、約八百人の観客を前に公演することになるが、それは別の話）ことになり、樹座の名の活動はなくなった。

だが、樹座の名を封じるにしても、劇団樹座をどう閉じるのか。それなりの歴史を持つこの素人劇団はこのまま何もせずに消滅するのか、それではあまりに寂しいではないか。最後に一度だけ「樹座」の名を使って「追悼公演」をやろう、ぜひやりたい！　そう決まった。

こうして「遠藤周作座長追悼　劇団樹座解散公演」が、翌一九九七年に行われることになった。

遠藤座長追悼・樹座解散公演

遠藤座長が亡くなり、樹座の解散が決定して、意気消沈する座員たち。しかし新しい年一九九七年が明けると、樹座は最後の公演に向けて動き出す。

まずは劇場として芝公園の「メルパルクホール」を押さえることができた。十一月十九日と二十日の二日間である。本番が平日木曜日になるけれど仕方がない。

誰が座長を務めるか。お世話になった三浦朱門さんにお願いしたところ、座長でなく代貸ならいいとおっしゃる。賭場を取り仕切る貸元の代わりを務めるナンバー2の「代貸」である。

何を演《や》るか。これはともかく遠藤座長の念願だった「忠臣蔵」を組み込むことが決まり、大石内蔵助を遠藤龍之介さんが演じることが決まった。あとは今までの樹座の名場面を連ねるという大筋で、その展開は座付き作者・山崎陽子さんにお任せだ。

演出も山崎陽子さんだが、第十三回公演からずっと携わってくれた岩田広明さんに演出

劇団樹座解散公演「ラストステージ '97」(1997年11月20日)

補としてついていただき、殺陣を含む忠臣蔵の討ち入りシーンには前回公演演出の湯沢紀保さんにも加わっていただいた。振り付けは名倉加代子さんと弟子の三村みどりさん。美術はもちろん妹尾河童さん。

では誰が出演するのか。追悼・解散公演だから、新人は募集しない。今まで樹座の舞台に出た人で、出たい人には皆出てもらおう。幸い樹座には出演経験者の集まり「樹座ファミリー」がある。第五回公演以降の出演者ばかりだが、二百五十人以上が会員になっている。この全員に連絡を取り、参加の意思を聞いた。何と百二十人以上が出たい、出るという。大変な数だが、これで出演者は決まった。

これだけの数の出演者にそれぞれ役を与え台詞を与え、しかも「忠臣蔵」を挟み込んだ脚本を書かなければならない山崎さんは大変だった。その本が出来上がり、稽古場を押さえ、配役が決まり、全員が顔を合わせたのは一九九七年十月四日土曜日。この日から十一月十六日まで、土日を中心に十五日間の稽古が始まった。

本番は十一月二十日木曜日の午後六時からの一回公演。幕が上がると、舞台には白いシャツ・ブラウスに黒いズボン・スカートの出演者たちが整列しており、客席に向かって「樹座讃歌」を歌う。歌う間に出演者たちの後ろ、舞台奥に遠藤座長がにこやかに笑って

「昴」を歌い上げ、討ち入りへ

立つ大きな写真が降りてきて、出演者たちは曲の二番で一斉に振り返り今度は座長を見つめながら歌い続ける。歌が終わって皆が袖に引っ込むと、客席に向かって座長の挨拶の声が流れる。

「やるひと天国、見る人地獄と申しますが……」

「辛抱してつきあってやってください」。

そして樹座解散公演の出演者オーディション会場という設定で始まった芝居は樹座名場面紹介となって、歌踊り中心のかつて観客を大いに沸かせたシーンが連なってゆく。「カルメン」の闘牛士の踊りにホセによるカルメン刺殺シーン、「ウエストサイド物語」の「アメリカ」「トゥナイト」、「風と共に去りぬ」に挟みこまれた「白鳥の湖」バレエと南軍北軍兵士たちによる「四羽の白鳥」。そして六十四人のラインダンスで第一幕が閉じられる。第二幕は、ベリーダンスを楽しむクレオパトラとそのあとの毒蛇による自死、革命成功を喜ぶパリ市民と脱出を拒み死の決意を歌うマリー・アントワネット、「椿姫」ヴィオレッタ臨終場面の魔の五重唱、そしていきなり遠藤座長念願の「忠臣蔵」の実現と銘打って、伏見撞木町《しゅもくまち》のお茶屋のシーンと、討ち入りから雪の吉良邸での大立ち回り、無事本懐を遂げるまでが演じられ、四十七士の勝鬨と共に挿入劇が終わる。私はここでは堀部安兵衛に扮し、清水一角に扮した遠井洋一さんと一対一の立ち回りを演じた。舞台は冒頭のオーディション会場に移って、飛び入りレポーターに扮した名取裕子さんのオーディション会場レポートがあり、そしてグランドフィナーレになだれ込む。目まぐるしい展開だった。観客は笑って野次って拍手しているうちにもうフィナーレ、という感じだったろう。ここから「ワン」の曲に乗った名倉ジャズダンススタジオ精鋭を含む出演者ほぼ全員の踊りが展開、そして勢ぞろいした一同の前で三浦朱門代貸の挨拶、山崎陽子副座長の挨拶があって最後となった。

第一回公演以来二十九年、私たちが第二期と呼ぶオペラ・ミュージカル路線の始まり第五回公演からでも二十年。

樹座は完全にその幕を下ろした。

あとがき

私の関わった丸二十年間の樹座の歴史を書き終えた今、改めて思うのは、遠藤さんは私の人生に素晴らしい二十年を与えてくれたということだ。私は樹座によって、何にも代えがたい「時」を過ごした。

その意味で、この本の冒頭に記した、遠藤さんの「君、芝居に出ないか」という誘いに対して「いいですよ」と答えた私のあの一言が、まさに私の「人生」を変えたと言っていい。あの時あの誘いを断っていたら、私はその後どんな人生を送っていただろう……。想像もつかない。

それは樹座に関わった期間がもっと短い人でも、たとえ一年きりの人でも同じかもしれない。樹座によって自分の人生が変わった、また樹座に関わった時間は自分にとって何にも代えがたい時間だったと感じている人にとっては。

それはなぜなのだろう。

何がそう感じさせ、なぜそう感じるのか。

舞台に人生をかけているわけでもない、実演という表現芸術の道を究めようとしているわけではない、面白そうだからやってみようと思って参加した、たかが素人芝居であり、その一回か二回の公演を必死になってやり遂げたに過ぎないのに。

その答えは本文中にも書いた遠藤さんの、「樹座は『人生』なのです」という言葉に示されているのかもしれない。それぞれ各人が、勤めや仕事、研究や勉強、家事、運動や交友といった日常生活となったものからちょっと離れて、台詞を覚え、言い回しや間を覚え、動きや振る舞いを覚え、更には歌を覚え、踊りを覚えるという、未経験の非日常を、縁あって共演者となった人たちと共に繰り返す。その果てに本番が来て、衣装をつけ、化粧をし、大勢の観客を前にいよいよ舞台に立ち、照明を浴びて、覚えてきたことを必死にやってみせる。観客は笑い、励まし、野次を飛ばし、拍手をくれる。ああ自分は今、こんなことをしていると、つくづく思う。そんな体験をし、公演本番を終えた瞬間、出演者たちは我知らず涙を流して共演者たちと抱きあっている。そしてその体験は、自分は樹座によって何にも代えがたい時を過ごしたのだ、樹座という人生を生きたのだ、という思いとなって、自分の内に残ってゆく。

遠藤さんが、樹座を始めた時からこんなことを意識して劇団を創立したとは思わない。

素人芝居を面白がって続けるうち、そして世間一般からたくさんの応募者を迎え、その仲間たちを率いて毎年公演活動を広げてゆくうち、その意味に気がつかれていったのだと思う。私たち出演者は、そんな遠藤さんに率いられ、遠藤さんにひたすら感謝しながら、楽しく、山崎陽子さんの著書のタイトルを借りれば、「〝遠藤さんの原っぱ〟で遊ん」でいたのだ。

そんな遠藤さんに、私はただただ感謝の気持ちを捧げるしかない。私は、そんな劇団があったことを書き残しておきたくてこの本を書いた。この本を読むことによって、それを感じ取っていただけたら、筆者としてこんなに嬉しいことはない。

この本を何よりもまず遠藤さんに捧げる。そして樹座の舞台を一緒に作ってきたたくさんの出演者、スタッフ、関係者の仲間たちに。また公演ごとに劇場に足を運び、客席から樹座を支えてくださった観客の皆さまに。最後に、すべてをほっぽりだして樹座に飛んで行ってしまう夫・父を、投げ出さずにいてくれた妻や子供たちに。

この本の元になった原稿は「周作クラブ会報」に連載されたものである。「周作クラブ」は遠藤さんの没後に、加藤宗哉さんの発案で結成された遠藤さんの没後ファンクラブで、初期の幹事を加藤さんと先日亡くなられた高橋千劔破さん、それと私の三人が務めた。会員は現在、一応別組織の「周作クラブ長崎」を含めて四百人以上、会報は季刊で、間もなく通巻百号を迎える。

樹座の歴史は一九六八年の第一回公演から一九九七年の遠藤座長追悼公演まで正味二十九年に及ぶが、創立準備期間も含め、タイトルを「劇団樹座の三十年」とした。

宮辺　尚

二〇二四年四月

本文写真——池上直哉
稲井　勲
宮辺　尚

†初出――「周作クラブ会報」二〇一六年八月第六十四号～二〇二三年十一月第九十三号

＊本書装画のイラストレーター、やすひる康夫氏の連絡先が不明のため、やすひる氏および関係者の方は、小社編集部、太田美穂までご連絡くださいますようお願い申し上げます。

宮辺尚（みやべ　ひさし）

一九四六年、東京生まれ。一九七〇年、東京大学文学部倫理学科卒業、新潮社に入社。三十年間、書籍出版部、「新潮」「小説新潮」で文芸編集者を務めた後、著作権管理室室長を最後に定年退職。以後、日本ユニ著作権センターに勤務し、二〇一二年、代表取締役に就任。

遠藤周作と劇団樹座の三十年

二〇二四年七月二〇日　初版印刷
二〇二四年七月三〇日　初版発行

著　者　宮辺尚
装　幀　鈴木成一デザイン室
装　画　やすひる康夫
帯・表紙写真撮影　稲井勲
発行者　小野寺優
発行所　株式会社河出書房新社
〒一六二-八五四四
東京都新宿区東五軒町二-一三
電話　〇三-三四〇四-一二〇一（営業）
　　　〇三-三四〇四-八六一一（編集）
https://www.kawade.co.jp/

印　刷　株式会社亨有堂印刷所
製　本　小泉製本株式会社

Printed in Japan　ISBN978-4-309-03199-6